U0631165

海洋传奇 大航海家

HAIYANG CHUANQI

主　编：陶红亮

编　委：郝言言　苏文涛　薛英祥　金彩红　唐文俊

　　　　王春晓　史　霞　马牧晨　邵　莹　李　青

　　　　赵　艳　唐正兵　张绿竹　赵焕霞　王　璇

　　　　李　伟　谭英锡　刘　毅　刘新建　赖吉平

海洋出版社

2025年·北京

图书在版编目(CIP)数据

大航海家/陶红亮主编. —北京：海洋出版社，2017.2（2025年1月重印）

（海洋传奇）

ISBN 978-7-5027-9630-3

Ⅰ.①大… Ⅱ.①陶… Ⅲ.①航海－科学家－生平事迹－世界－通俗读物 Ⅳ.

①K815.89-49

中国版本图书馆CIP数据核字（2016）第283614号

海洋传奇

大航海家

总 策 划：刘 斌		发 行 部：（010）62100090		
责任编辑：刘 斌		总 编 室：（010）62100034		
责任印制：安 淼		网 址：www.oceanpress.com.cn		
整体设计：童 虎·设计室		承 印：侨友印刷（河北）有限公司		
出版发行：海洋出版社		版 次：2017年2月第1版		
		2025年1月第2次印刷		
地 址：北京市海淀区大慧寺路8号		开 本：787mm×1092mm 1/16		
100081		印 张：11.25		
经 销：新华书店		字 数：270千字		
		定 价：69.00元		

本书如有印、装质量问题可与发行部调换

前　言

　　人类航海活动从很早就出现了，人们利用船只在茫茫的大海中航行，从一方陆地到达另一方陆地，完成对未知陆地的探索和发现，这就是人类最早的航海活动。但以前人们对于地理知识和造船技术的掌握很有限，所以当时的航海并不像现在这样简单。

　　船只行驶在汪洋大海中，时常会遇到巨大的风浪和毫无预兆的海洋灾难，然后便永远沉入大海中，这使得航海活动变为一种极其冒险的活动，所以那时的航海更多称为航海探险。那么，人类是如何冲破汹涌的波涛，在航行探险中渡过一个又一个危难的呢？这其中当然少不了航海探险家的功劳。

　　说起航海，一定会想到航海家，航海家是以海上探险为职业的人。我们所说的航海家是指在整个海上探险过程中的指挥者和领导人，在航海探险中指挥船队乘风破浪，渡过难关。说起中国的航海家，首先想到的自然是徐福了，早在秦朝，徐福就率领上千童男童女，前往海中为秦始皇寻找长生不老药，这便是中国历史上记录最早的航海活动了。另一位中国伟大的航海家便是郑和，明朝年间，郑和曾七次下西洋，对东南亚沿海多个国家进行了访问，这在当时可以说是一次伟大的航海壮举。不论是徐福还是郑和，都对中国乃至世界的航海史做出了巨大的贡献。除了中国的航海家，在整个世界航海史来看，更为值得一提的便是欧洲的航海家们了。

15世纪时的欧洲人对于世界的认识还仅限于欧洲、地中海、北非海岸等地区，对于这些以外的世界还没有一个准确的认识。对于中国和日本的认识也是从《马可·波罗游记》中了解到的，欧洲人深信不疑，认为东方世界一定存在大量的黄金和香料。那时通往东方大陆极为困难，所以他们迫切需要找到一条通往东方的道路，伟大的航海家们便开始寻求海路来通向美丽的东方世界。

在这期间，航海事业发展迅速的要数葡萄牙、西班牙和意大利了。但三者中，发展最为迅速的当数葡萄牙。这当然少不了为葡萄牙作出巨大贡献的航海家们。

最先为葡萄牙航海事业做出贡献的是葡萄牙国王若昂一世的第三个儿子亨利王子，是他首先建立了航海学校，并且极力鼓励航海事业，为葡萄牙航海事业奠定了坚实的基础。亨利船队作为葡萄牙的先行军，为后来的葡萄牙航海家的前进提前探索了道路，同时对整个欧洲的航海发展也起到了促进的作用。在亨利王子之后，葡萄牙出现了发现好望角的著名航海探险家迪亚士，以及开辟印度航道的达·伽马，再到后来完成全球航行的麦哲伦。可以说，从亨利王子航海探险之后，葡萄牙涌现出了一大批优秀的航海家，他们为葡萄牙的发展做出了巨大的贡献，他们的航海发现对于整个欧洲乃至全世界都具有重大的意义。

还有一位伟大的航海家我们不得不提到，他就是发现美洲大陆的哥伦布。另外还有英国的航海家库克船长，他绘制了大量的海图并且对于坏血病的治疗做出了巨大贡献。

欧洲的航海家所做出的贡献是毋庸置疑的，但是他们为了达到自己的目的，为了能够获取更多的利益，也不择手段地对其他国家进行掠夺。欧洲的很多航海家并不是单纯地进行探险活动，而是以殖民者和统治者的身份来占领土地，进行殖民掠夺。这也给很多国家和地区带来深重的灾难，使很多国家陷入贫困之中。同时，欧洲的海上贸易还是黑人奴隶贸易的开始，他们贩卖奴隶，以获取更大的利益。

欧洲航海家们有功也有过，对此应该客观看待，不能以偏概全，否认航海家的贡献。

本书中除了介绍中国和欧洲著名的航海家外，还对北欧海盗时期的活动做出了较为详细的介绍，对北欧海盗从兴盛到衰落的历史进行了客观的点评。另外，除了对这些著名的航海家做出了详细的介绍，书中还写到了几个古今中外的航海趣事。

航海家们童年的故事，以及年轻时发生的有趣事情，再到后来的海上探险，直至如何离世，书中都有非常详细的介绍。语言通俗易懂，故事生动有趣，评价客观真实，可以让读者深深地陶醉其中，和航海家们共同领略海上的探险经历。但由于历史久远，书中难免会出现一些和其他书中不一样的介绍，但这并不影响读者对航海家们的整体认识，反而这些不同的介绍，可能会给读者带来更多不同的理解，让读者能够从多个角度对航海家们有更为充分的认识。

海洋给人的感觉是浩瀚的，是蔚蓝的，人们向往美丽的大海，对海洋中发生的事情十分好奇。伟大的航海家们敢于向大海发出挑战，敢于走向未知的世界，这不光是一次次伟大的壮举，更是一种勇往直前的精神。正是这种毫无畏惧的精神，才让人类走向了更为辉煌的明天。

目 录

Part 1
海洋和人类之间的联系 ⋯⋯⋯⋯⋯⋯⋯⋯001

　　人类在很早的时期，就已经和海洋建立了联系。人们从海洋中获取各种各样的资源，享受着海洋为我们带来的种种好处。但是拥有宽厚胸怀的海洋偶尔也会发脾气，海洋灾难由此形成，所以海洋给我们带来丰富资源的同时，也给人类带来了很多可怕的灾难。这可能是海洋对我们人类的一种警示吧，在告诫人类要合理利用海洋资源，不然海洋也会有枯竭的一天。

Part 2
徐福东渡 ⋯⋯⋯⋯⋯⋯⋯⋯⋯⋯⋯⋯⋯015

　　秦朝时的徐福就开始在海上航行，这也是中国历史上最早的航海记录了。关于徐福东渡的故事有很多，许多的故事已经无从考证。徐福东渡是一次伟大的航海壮举，他把先进的技术带到了海外，促进了中国和海外国家的发展。同时，徐福东渡还在文化方面产生了深远的影响，对于我国历史的研究有重大的意义。

　　提到中国较为著名的航海事件，最被人熟知的就要数郑和下西洋了。郑和七次下西洋，率领数万人，乘坐巨大的宝船在海中航行，船队的规模在当时的航海史上也是独一无二的。郑和在航行的途中，从西太平洋穿越印度洋，对周边三十余个国家和地区进行了访问；郑和开拓了新航路，把更多先进的技术带到了东南亚各国，促进了东南亚各国之间的贸易发展；而且郑和打击海盗，稳定了东南亚的秩序，同时还震慑了倭寇，维护了国家安全。可以说，郑和下西洋在历史上具有重大意义，对于整个东南亚乃至全世界的发展都起到了促进的作用。

　　14世纪初期，欧洲航海事业发展极为迅速，为首的葡萄牙成为海上的强国。葡萄牙很多航海家对葡萄牙乃至全世界都做出了巨大的贡献，其中葡萄牙初期最为著名的航海家就是亨利王子了。他虽然没进行过几次航海，但是却设立了第一所航海学校，并且奖励航海事业，为葡萄牙航海事业做出了巨大的贡献。在他的带领下，葡萄牙以及欧洲各国都开始大力发展航海事业，亨利王子也成为欧洲航海事业的奠基人。

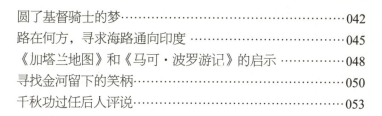

Part 5
迪亚士的航海之旅

迪亚士也是葡萄牙的航海家，因为发现"好望角"而被后人铭记。他的发现给后来通往印度的航线奠定了坚实的基础。他还打破了欧洲各国相对封闭的状态，使得欧洲各国开始与除欧洲以外的地方进行贸易往来，加速了各个国家的发展，为世界市场的形成创造了条件。迪亚士的航海探险对世界的整体进程都起到了推动的作用。

Part 6
哥伦布与新大陆

哥伦布因为发现美洲新大陆而被历史载入了史册。但是哥伦布其实并不是第一个发现美洲的人，只是他的发现让欧洲开始和美洲地区进行了更充分的接触。他开创了新大陆殖民的新纪元，使得欧洲人有了两个定居的大陆。但哥伦布进行海上探险，是以殖民者的身份对其他国家进行掠夺和占领的，这给很多国家带来了巨大的灾难。哥伦布的发现，也加速了印第安文明的毁灭。

Part 7

达·伽马在海上的探险

　　出生在葡萄牙的达·伽马，从小就受到父亲和哥哥的影响，对航海探险充满了热情。那时葡萄牙的亨利王子设立了航海学校，迪亚士发现了好望角，这些都给达·伽马留下了深刻的印象，他也立志要找到通往印度的航线，从东方大陆获取更多的黄金和香料。达·伽马成功到达了印度，为欧洲的海上贸易开辟了新航路，因此达·伽马也被后世铭记。

Part 8

麦哲伦与首次环球航行

　　首次证明地球是圆形的航海家是麦哲伦，他带领着船队完成了首次环球航行。他的贡献人所共知，但他的苦难经历却很少有人知道。麦哲伦为了实现自己的航行计划，四处讲说，受到无数人的嘲笑，但是他始终没有放弃对梦想的追求，最后在西班牙女王的帮助下，终于开启了人生最有价值的一段航程。

Contents　目　录

英国著名的航海家詹姆斯·库克，从一个名不见经传的见习学徒到一位人所共知的大航海家，这期间经历了无数的挫折和困难。库克船长的一生是充满传奇的一生，是他战胜了欧洲航海期间可怕的坏血病，是他开辟了通往夏威夷群岛的航线，让人类对外面的世界有了更多的认识。库克把自己的一生都献给了航海事业，他的事迹永远值得后人颂扬。

在世界航海史上有这样一段历史。这段时期被称之为北欧海盗时期，这段时间里，由丹麦人、挪威人和瑞典人组成的北欧海盗对欧洲的很多国家进行侵占和掠夺。他们对欧洲很多国家都造成了严重的伤害，很多无辜的人也死在海盗野蛮的掠夺中。北欧海盗用武力占领土地，争夺资源，这些蛮横和残忍的行为使他们自取灭亡，北欧海盗时期也彻底结束了。

大／航／海／家

Patrician

Part 1

海洋和人类之间的联系

　　人类在很早的时期，就已经和海洋建立了联系。人们从海洋中获取各种各样的资源，享受着海洋为我们带来的种种好处。但是拥有宽厚胸怀的海洋偶尔也会发脾气，海洋灾难由此形成，所以海洋给我们带来丰富资源的同时，也给人类带来了很多可怕的灾难。这可能是海洋对我们人类的一种警示吧，在告诫人类要合理利用海洋资源，不然海洋也会有枯竭的一天。

早期人类的海上生活

世界上所有沿海国家的人们，从古代就和海洋有着密切的联系，从接触海洋开始，逐步加深对海洋的认识，扩大对海洋的开发和利用，形成了一部人类海上活动史。总体来说，这部活动史大概可以分为三个时期：人类局部活动时期、人类环游世界活动时期和人类近代科学研究活动时期。

七大洲中面积最大的亚洲，是人类创造文化的主要发源地之一。其中的印度河流域、黄河流域、幼发拉底河和底格里斯河流域都是人类文明的发生地。这些流域的人民毗邻海洋，很早就开始和海洋建立了联系。人们进行海上活动，用船舶进行海上贸易，人们之间开始进行友好往来。

大概在公元前 2000 年，幼发拉底河附近的巴比伦人开始借助海洋组织去波斯湾的探险队。巴比伦人熟知波斯湾的种种情况，而且他们可能还在今天的印度地区有着海上活动。

对于印度河流域的古印度人来说，航海并不陌生，他们很擅长航海。在早期，他们就开始和美索不达米亚人进行海上交流，与之贸易往来，并且在很早的时候就到达了马来半岛、苏门答腊等其他小岛。

众所周知，伟大的中华民族发源于黄河流域。在公元前 11 世纪左右，渔业和盐业已经取得了不错的发展，航海业也随之得到了发展。当时居住在浙江一带的越人善于制造船只。他们把制造好的船进献给周王朝，当时可能就是从浙江通过海路北上到达山东，然后向西进而到达周朝的统治地区的。到了公元前 3 世纪至公元前 1 世纪，随着生产力的逐步发展和中央集权帝国的出现，海上交通有了更大的发展。从渤海到两广一带，海上交通开始逐渐联系起来。西边地区通过印度

大/航/海/家

Patrician

印度河流域

洋和南海也建立了联系。国家开始派遣官员和船员，满载黄金和丝织品进行海上贸易，换取珠宝、碧琉璃等物品。

尼罗河流域是人类文明的另一摇篮。早在公元前 6000 年至公元前 5000 年，人们已经开始在尼罗河两岸发展农牧业。古埃及人也曾经对尼罗河进行高度的赞美。

大约在公元前 2600 年，埃及国王组建了一支船队，前往黎巴嫩等地区进行贸易往来。

希腊著名的天文学家埃拉托色尼，曾测算出地球子午线的周长为 4.5 万千米，从而知道地球是球状的。他曾认为，人们向西航行可以穿过大西洋，到达印度洋，并指出了一条可以环球航行的路线。但当时并没有得到人们的认可，人们还都相信"天圆地方"的理论。

公元前居住在太平洋沿岸和印度洋沿岸的人们先后进行了频繁的海上活动，开辟了很多航海路线，对于海洋和气象有了一定的认识。例如，公元前，希腊人瑟凯迪德斯就知道利用地中海季风的特点来进行两地往返航行；希腊人希帕恰斯发现利用季风可以从亚丁湾直渡阿拉伯海到达印度，这一发现，增加了印度和埃及之间的来往船只，总数可能超过了 100 艘。随着时间的推移，生产力的发展，人们在海上的活动逐渐增多，航线也开始逐渐连接在一起。这个过程，对于统一成一个国家的阿拉伯民族、爱琴海区域，以及中国的唐朝都起到了积极的促进作用。

公元 7 世纪至公元 8 世纪，阿拉伯民族建立了统一的国家，并且占领了很大的领土，控制了从西欧到印度的通商道路。阿拉伯人在海上向西穿过直布罗陀海峡，向东到达了印度，甚至到达了中国，完成了很多地方的航行，向南在莫桑比克岛上设立了海外贸易的代理站。但是，阿拉伯的海船并不适合远航。当时，阿拉伯船只从巴士拉港出发，沿着伊朗海岸航行只能到达霍尔木兹海峡。这时，阿拉伯人就需要把货物卸下来，装在中国的船只上，沿着亚洲海岸航行，最远到达浙江、杭州等地附近。这时的中国正处于盛唐时期，拥有着独一无二的大海船，进行着频繁的海上贸易活动。装载着瓷器和丝织品的大海船从广州出发，经过越南、马来西亚、苏门答腊等地到达印度、斯里兰卡，再向西行驶至阿拉伯。就这样，阿拉伯和中国把地中海和印度洋连接到了一起，使印度洋成为世界上贸易最繁盛的地方。船上的船帆就如同天上的白云，来往于印度洋上。中国的瓷器、印度的纺织品和印度尼西亚的串珠都是非洲沿海等地的畅销产品。

中世纪一位史学家巴尔博萨在谈到亚非贸易时说："他们以棉花、宝石、珍珠、药品、金锭、麝香、大米等进行贸易，这个地方的贸易比任何地方的贸易都要繁荣和兴旺。"

人类与海洋

海洋约占地球表面的 71%，比人类生活的陆地要大得多。海洋为我们提供了丰富的资源，人类的生存和发展都离不开海洋。

　　人类最初对海洋的认知很少，并且对于海洋存在着很多误解。18世纪中叶，科学家还认为海洋550米以下是不存在生命的。直到20世纪40年代末人们对海洋最深处才有了一定的认识。而更为精准的数据直到近几年才被确定。人类对海洋的探索一直进行着，从未间断过。人类从海洋中获取的东西，除了有形的，还有无形的。

　　在古代，人类和海洋就建立了联系。最开始的时候，各个大洲是彼此独立的，因为陆地之间隔着海洋，海洋那时像一道天然的屏障，挡住人们的去路。所以当时的人们会以为只有自己生活的陆地才存在生命，对海洋之外的陆地没有认识。随着时间的推移，人类逐渐发展，开始出现了船，这时人们可以借助船来互相交流。这时的海洋不仅为人类提供海中的食物，还为人们带来了一条崭新的通道。但当时所谓的船并不像现在的船一样正规，只是把简单的木头中间掏空而已，只能在平静的海岸边行驶，遇到风浪天是不能出行的。

浩瀚无边的大海

　　至此，人类不断进步，运用智慧开始对海洋有了进一步认识。人类学会了制造帆船，利用海风在大海中行驶，这时人类已经开始和其他陆地有了联系，各个陆地之间的人开始出现了贸易往来，各地之间的经济得到了快速的发展。

　　海洋为人类制造了屏障，但同时也促使人类进步，让人类逐渐适应海洋，利用海洋进行更多的交流，这促进了世界的发展，是海洋为人类带来的无形的财富。

海洋作为地球的主要部分，它为人类的发展做出了巨大的贡献。

最为直接的就是海洋生物资源，常见的海产品，例如海鱼、虾、贝类，还有海里的植物等都为人类提供了丰富的食物资源，让人类的餐桌更加丰盛。同时海洋提供的生物不仅能供人类食用，有很多还有药用价值，我们熟知的海参、海胆还有很多可以提炼的海洋生物都可以制成药物，可以治疗人类的相关疾病。

海洋还为人类提供了大量的矿产资源，主要有砂矿、海底的自然矿产和旱地固结岩中的矿产这三类。我们知道的砂金、金刚石等就属于砂矿的一种，在经过海水（包括海流与潮汐）、冰川和风的搬运与分选后，最后在海滨或陆架区的最宜地段沉积富集而成。这些矿产资源再加工后，满足了人们的生产和生活。

海洋化学资源也为人类做出了贡献，海水中存在大量的化学物质。海水中存在着大量的盐类化学物，氯、钠、镁、硫、钙、钾、溴等含量十分丰富。人类对海洋中化学物质的提炼对于化学研究方面有着重要的意义。同时，人类从中可以提炼盐，经过加工就可以食用，我们食用的加碘盐就是其中之一。

另外，海洋能源也为我们提供了很多便利。像海洋中的潮汐能，可以用来发电。早在唐朝就有用潮汐来推磨的小作坊，潮汐发电也属于清洁能源，对环境没有任何污染。另外还有波浪能、海流能、海洋温差能、盐度差能等都为人类的生产提供无限的动力。

除了上述这些海洋为人类提供的资源，还有其他的资源，像海洋旅游资源、海洋空间资源等，这些都是海洋为人类做出的贡献。

但是我们知道，海洋中的资源是有限的，人类无限制的利用会导致海洋资源匮乏，所以我们得到海洋的恩惠时应该做到合理利用海洋资源，做到可持续发展。

大／航／海／家

Patrician

筏和独木舟

人类的祖先在很早的时候就学会了使用工具在水中行驶，这种工具就是"筏"。

历史上对于筏有很多相关记载。我国也是使用筏和独木舟最早的国家之一。

我国先民至少在4000—10000年之前的新石器时期就已经使用了独木舟。原始人类由于生产力水平很低，他们大都聚集在有水的地方，首先学会了捕鱼，在不断和水打交道的过程中，他们发现木头可以浮在水面上，所以那时的原始人就开始利用树干来浮水而行。"古者观落叶因以为舟"（刘向《世本》），"古人见窾〔kuǎn 款，中空之意〕木浮而知为舟"（刘安《淮南子·说山训》）。这些记载都说明了我们的祖先对具有浮力的东西已经有了一定的认识。

进入新石器时代以后，人们的生产工具有了更大的改进，出现了石斧、石刀、石锛等工具，并且已经学会了人工取火。当时的人们利用这些粗糙的工具来做一条独木舟是非常困难的。他们先选择一根比较大的树干，把树干不需要掏空的地方用泥巴涂满，然后将这根木头进行火烧，把除涂满泥巴的地方之外的部分烧成灰烬。这样，中间被烧成灰烬的地方就更容易被掏空，周围涂满泥巴的地方也不至于被烧坏。人类就是通过这种方法制造简单的独木舟的，在那个时代，充分体现了我国原始人民的智慧。

后来先民们慢慢地学会了利用独木舟来进行捕鱼，甚至开始用独木舟来代替走路，这样就可以通过水路到达更远的地方。

在战国时期也有对筏的记载。越王勾践曾命令2000多人砍伐松柏来制作筏，自会稽（今浙江绍兴）沿着海岸向北行驶，迁都琅琊（今山东诸城），这是一次大规模使用木筏的海上迁移活动。《诗经》中有这样一句话: "谁谓河广? 一苇杭之。" 意思就是说, 谁说黄河宽广无边啊, 一个木筏就可以渡过去。

古代的埃及人利用尼罗河流域沿岸盛产的一种叫纸莎草的植物做筏。埃及人把很多纸莎草放到一起, 然后用草绳捆成草束, 再把许多草束放到一起, 绑扎结实后就制成了筏。这种纸莎草筏在今天的很多地方还有其影子。南美洲的迪迪喀喀湖畔的居民仍然会使用芦苇捆在一起制成筏。

我国南方很多地方盛产竹子, 从很早的时期, 那里的人们就学会了利用竹子制成竹筏。他们把许多竹子拼到一起, 利用简单的绳子将其绑扎牢固。这样就可以利用竹子的浮力在水中行驶, 竹子中间是空的, 浮力大, 再加上制作简单, 所以在南方很多地方到现在一直在沿用。

还有一种皮筏子, 按制作材料分为羊皮筏和牛皮筏。这也是很早以前就在黄河流域出现的一种水上工具。当时的人们把牛羊宰杀后, 慢慢地将整张皮剥下来, 其间不能让皮受到任何的破坏, 得到一张完整的牛羊皮。然后把皮子放到水中浸泡多天, 捞出来再暴晒一日, 将皮子上的毛刮干净后, 在其中灌入适量的水, 再在其中加入适量的食盐和食用油, 放到阳光下暴晒, 直到皮子外边呈红褐色。然后把制作好的皮子吹满空气, 用绳子扎紧, 防止空气跑出。将多个充满气的皮子绑扎到一起, 放到制作好的木质骨架上就做成了皮筏。

皮筏的制作相对于来说更为复杂, 它的浮力也更大, 在水中可以承受很大的压力, 并且这种皮筏很轻便, 移动起来比较方便。所以, 在现在的黄河边仍然有使用这种皮筏子供来往的游客乘坐游览的。

筏的取材相对简单, 而且制作容易, 稳定性好, 装载面积大, 并且在水中行驶灵活。所以, 筏从古代发展到今天, 也一直被人们认可,

黄河流域的羊皮筏子

它以一种最为原始的方式为人类服务。

另外独木舟也并不是中国特有的，在一些国外地区也考古发掘出了不少独木舟。

在英国约克郡一个沼泽中曾发掘出了一支木桨。据考察，这支木桨大概存在于公元前7500年，据考证这支木桨是用来划独木舟的。后来在英国又发现了一支独木舟，长约16米，宽1.5米。此后，荷兰也发现了独木舟遗迹，其年代大约为公元前6300年。这些都可以证明，人类很早就已经开始使用独木舟了。

另外，在瑞士和其周边的区域也发现了新石器时代的独木舟。除了这些，根据历史记载我们也发现印第安人比较早就开始利用独木舟了，而且印第安人的独木舟和波利尼西亚人的双体独木舟相对来说比较有名。

印度地区有一种特殊的独木舟：在独木舟的侧面装有横木板，这种木板可以让独木舟在水中行驶得更加稳定，并且横木板上还可以放置很多东西，加大了独木舟载物的能力。

而新几内亚的独木舟不是单纯的"独舟"，他们的独木舟还可以连在一起，通过用一根长长的横梁，把几个独木舟固定在一起。在横梁上还可以铺上凉席，这样就大大增加了独木舟的浮力，可以使更多的人坐在上面。这种独木舟还装有桅杆，上面挂有风帆，可以利用风在水中行驶。

可以说筏和独木舟的出现，使得人类能够从海洋中获取到更多的自然资源，人与人之间的交流也变得更为密切。如果没有筏和独木舟的出现，就没有现代的舰船。所以说筏和独木舟在船只的发展史中占有重要的地位，它们是一切船的基础，是一切伟大船舶发展的源头。

海洋中的灾难

海洋为人类提供了很多资源，但同时也给人类带来了很多灾难，包括风暴潮、海啸、海冰、赤潮等。这些海洋灾害给航海船只带来了巨大灾难，而人类在这些灾害面前却是非常的脆弱。

海啸是一种破坏力极强的海浪，它通常是由海底地震、火山爆发、海底滑坡或气象变化引起的。海啸所形成的波浪时速可达到 700 千米以上，而且波长可以达到数百海里，可以传播几千千米到达岸边，形成一道数十米高巨大能量的"水墙"。这时的海浪已经失去了控制，开始席卷整个海岸，可以瞬间淹没整个城市，给人们的生命财产造成巨大的损失。

海啸主要发生在地震带区域，主要包括夏威夷群岛、阿拉斯加区域，堪察加千岛群岛、日本及周围区域、中国及其邻近区域，菲律宾群岛、印度尼西亚区域，新几内亚区域—所罗门群岛、新西兰—澳大利亚和南太平洋区域，哥伦比亚—厄瓜多尔北部及智利海岸、中美洲及美国、加拿大西海岸，以及地中海东北部沿岸区域等。

历史上曾发生过多次海啸：1755 年 11 月，大西洋海底发生地震，引起了海啸，海啸席卷了葡萄牙、西班牙、摩洛哥的沿海城镇，造成大约 6 万人死亡。1782 年，华南发生海啸，造成 4 万多人死亡。1888 年 8 月，印尼火山爆发引起了海啸，当时造成了大约 3.6 万人死亡。2004 年 12 月 26 日，印度洋发生大海啸，此次海啸波及印尼、泰国、斯里兰卡、印度、缅甸、马来西亚甚至非洲东海岸，共造成约 22.6 万人死亡，是近 200 多年来世界上发生的最惨重的海啸灾难。我们可以从中看出，海啸带给人们的灾难是巨大的，给人民财产造成了巨大的损失。

海冰也是海洋灾害中的一种，它给人类带来的危害虽然没有海啸

可怕的海啸

那样大，但是会给航行中的船只造成很大的影响。

　　海冰简单地理解就是海水结成的冰，但它有很多深层的意思。其中海冰按照发展阶段可分为六大类，分别是初生冰、尼罗冰、饼冰、初期冰、一年冰和老年冰。按照运动状态可分为固体冰和流动冰两大类。固体冰是和岛屿、海岸等冻结在一起的，可以随着潮汐的变化与海面一起沉降；流动冰是指漂流在海面上的浮动冰，它们形状各异，大小不同，会随着风浪的变化而移动，流动冰会危害到海上的船只和海上的建筑物。

　　海冰的含盐量高，在常温下海水不易结冰，但当冬季气温过低时，海水会排出盐而结冰。其中北冰洋就是四季冰冻的海洋，太平洋北部的很多海峡，冬季也有结冰现象，如白令海峡、格陵兰海峡、挪威海峡、加拿大海等。海冰给海上的船只行驶带来了不便。船只的行驶需要一个稳定的水面，如果存在海冰，细小的流动冰对船只不会造成太大的影响，当流动冰达到了一定的规模，就会给船只带来巨大的影响，船只会因为触碰到浮冰而损坏，会因为浮冰而触礁，同时在风浪的作用下，浮冰还会快速移动，撞到船只的后果不堪设想。

英国著名的航海家库克船长就曾来到过北冰洋，在这里他遇到了冰原，海中有无数的浮冰，致使他的船队无法行驶。当时库克船长第一次经历这样的浮冰海面，对浮冰没有了解，认为船只不会出现问题，库克船长指挥着船队想要通过这片浮冰海面，但是事实并不像库克想象的那样，船只与水体巨大的浮冰发生了碰撞，导致船只严重受损，库克船长无法再向前航行，只好掉头返航。

中国也出现过海面冰封灾害。1969年2月份，渤海就发生了百年不遇的冰灾，整个渤海海面都结成了冰，而且冰很厚，有些冰的厚度达到了几十厘米甚至一米以上。这给进出的航船带来了很大的影响，其中有几艘货轮被海冰推动，导致搁浅；十几艘船被冰夹在中间，不能动弹，后来依靠破冰船才得以驶出；几艘万吨的货轮螺旋桨被海冰碰坏，使航行出现问题。天津的港务局观测平台被海冰推倒，很多钻井平台也受到了损坏。许多港口也都受到海冰的侵袭，损失惨重。

海冰给海上的船只和海上的建筑物带来了巨大的灾害，使无数的船只被困在海中，船上人的生命受到严重威胁，给人类的身心造成巨大的伤害。

风暴潮也是一种比较常见的海洋灾难。大气的扰动，例如热带气旋和温带气旋，都可以引起风暴潮。温带气旋中的台风和飓风就是风暴潮中的典型海洋灾害。简单地理解，风暴潮会引起风向的骤变，海上会出现巨大的风浪，会给海上行驶的船只带来巨大的灾难。

1970 年 11 月 13 日，在孟加拉湾沿岸就发生了一次震惊世界的热带气旋风暴潮灾害。这次增水超过 6 米的风暴潮夺去了恒河三角洲一带 30 万人的生命。

在中国历史上也有风暴潮的相关记录。1782 年清代的强温风暴潮，曾致使山东的很多地方受灾。

1985 年 4 月 28 日和 29 日两天，渤海湾曾发生风暴潮，摧毁了大沽口的大量建筑物，造成 2000 余人死亡。

1922 年 8 月 2 日广东汕头被台风风暴潮袭击，造成特大风暴灾害。

因为风暴潮，海上无数的船只沉入海底，无数的航海家在航海探险中付出了生命。如果没有风暴潮，一定会有更多的航海家被历史铭记。

海洋中的灾难让人防不胜防，给人类带来了巨大的灾难，随着科技的进步，人类对海洋灾难也越来越了解。人们虽然不能控制这些自然灾害的到来，但是我们可以加强对海洋灾害的认识，增强逃生意识，减少海洋灾害带给人类的损失。

Part 2

徐福东渡

　　秦朝时的徐福就开始在海上航行，这也是中国历史上最早的航海记录了。关于徐福东渡的故事有很多，许多的故事已经无从考证。徐福东渡是一次伟大的航海壮举，他把先进的技术带到了海外，促进了中国和海外国家的发展。同时，徐福东渡还在文化方面产生了深远的影响，对于我国历史的研究有重大的意义。

徐福上书秦始皇

人类很早就和海洋有了联系，要说中国历史上记载的最早航海记录，应该就是秦朝时期的"徐福东渡"了。

徐福，字君房，是秦朝著名的方士，徐福博学多才，通晓天文、医学、航海等知识，并且同情百姓，乐于助人，在民间的声望极高。曾担任秦始皇的御医。

徐福出生在战国末期，是齐国人，当时战国七雄中的六国都被秦国统一，强大的秦国开始招贤纳士，任为己用。

徐福出生时正赶上战乱动荡的年代，他从小就志向远大，在看到很多人因为战乱流离失所的时候，他就立志一定要有所作为。

徐福从小就受到多家学派的影响，但是他看到人们的疾苦后，决定学习医术，将来可以治病救人。在他大概十几岁的时候，就开始跟随当地的采药人上山采药，徐福对很多药并不认识，遇到不懂的他就去问那些常在山中采药的人，在那段时间里，徐福积累了很多经验。

后来徐福拜纵横家鬼谷子为师，成为鬼谷子的关门弟子。徐福从师父那里学会了辟谷、气功、修仙，兼通武术等。

徐福因为博学多才，所以在当时被秦始皇任用，并且还成为了秦始皇的御医。秦始皇统一六国后，开始四处巡游。

公元前 219 年，秦始皇第二次出游，他率领大队人马，浩浩荡荡地来到了泰山封禅刻石，后来又抵达了渤海。秦始皇从马车上走下，缓步登上芝罘岛，鸟瞰整个大海，只见大海中云雾缭绕，树木时隐时现，隐约中好像还有很多宫殿，海中的景象很是壮观，这令秦始皇十分向往，感叹不已。当时秦始皇身边有很多方士，为了迎合秦始皇的心理，故意把海市蜃楼说成是海上的仙境。这令秦始皇很是高兴。

当时秦始皇害怕死亡，害怕有一天失去这美丽的江山，所以他召

大／航／海／家

Patrician

集了很多方士。方士，即为方术之士，自称可以通仙求药。秦始皇身边有许多这样的人，目的就是想找到一种能长生不老的药。当时，许多方士都欺骗秦始皇，说一定可以找到长生不老药，让秦始皇永生不死。很多方士也都前去寻仙问药，但是并没有找到这种长生不老药。

徐福作为秦始皇身边的御医，他从秦始皇第二次出游中发现了机会，徐福觉得他可以利用海上仙境的传说去为秦始皇寻找长生不老药。

于是，在秦始皇第二次出游没多久，徐福就上书秦始皇，说在遥远的海中有三座仙山，分别为蓬莱、方丈、瀛洲，在仙山上居住着神仙，从那里可以得到长生不老药，如果得到了此药，就可以长生不老，与天同寿。

秦始皇看到后大为高兴，立即召见了徐福。徐福到了宫中后，秦始皇急忙向徐福问道："海中有仙山，仙山上有仙人，仙人有仙药，名为长生不老药，确有其事吗？"徐福连忙回答道："海中有三座仙山，这山中住的人都不会因为疾病死去，因为他们研制出了一种仙药，可以治愈百病，

徐福像

令人永远不死，并且还保持年轻的状态。这件事情千真万确，我怎敢欺骗您？"秦始皇自认为这件事情千真万确，他高兴地向徐福问道："那如何才能前往海中的仙山呢？"徐福答道："只需用船就可渡海到达那里，但是路途遥远，需要准备充足，方可前往。"

秦始皇开始为徐福出海做准备，根据徐福的要求，秦始皇为其准备了童男、童女数千人，同时还准备了足可以用三年的粮食，另外还准备了衣履、药品和耕具等。

徐福寻找长生不老药只是徐福东渡的说法之一，这种说法也广为流传，并且得到大多数人的认可。同时还有人认为徐福东渡不是为了寻找不老药，还有其他的说法。

有说法认为徐福东渡是为了躲避秦始皇的暴政，当时很多人都因为受不了秦始皇的暴政而进行反抗。一部分人开始反抗，徐福是一名文官，不太懂得领兵打仗，对待秦始皇的暴政也只是敢怒不敢言。徐福看到秦始皇想要得到长生不老药，于是就想出了这样一个办法，想要利用这个机会，脱离秦始皇的管制，移民海外过自己的生活。《汉书》中说："徐福、韩终之属多赍童男女入海，求神采药。因逃不还，天下怨恨。"唐代诗人汪遵《东海》诗也写道："漾舟雪浪映花颜，徐福携将竟不还。同舟危时避秦客，此行何似武陵滩。"当然这也可能是徐福为齐国报仇的一种手段，通过这种方式来削弱秦国的力量。

还有一种说法认为秦始皇早知道不存在长生不老药，他只想利用徐福去海外进行开发，把更多先进的东西带到秦朝。据《吕氏春秋·为欲篇》中记载："北至大夏，南至北户，西至三危，东至扶木，不敢乱矣。"东至扶木就是东至扶桑，即后来的日本，这应该就是秦始皇对疆土四至的想法。秦始皇统一六国后，可能并没有满足，而是积极拓展更多的疆土，秦始皇认为只要是日月能照到的地方，都是他的疆

大／航／海／家

Patrician

土；凡是人能到达的地方，都属于他的臣民。徐福东渡可能就是秦始皇拓展疆土的开始。

历史上对于徐福东渡的具体原因一直存在争议，但是不管怎么说，徐福东渡确有其事，对后世也产生了深远的影响。

徐福出海经历以及相关争议

徐福在得到秦始皇的同意后，率领数千人随船入海。这是徐福在秦始皇的命令下第一次入海寻找长生不老药，这次入海的过程中也流传着几个故事。

徐福的船队浩浩荡荡地在海中行驶，秦始皇在岸上一直等待，希望徐福能尽快回来，并且找到长生不老药。根据记载，徐福应该是从琅琊一带出航的，他很快就到了朝鲜半岛西岸，然后又沿着海岸向南行驶，但是在这里徐福并没有找到长生不老药，他害怕秦始皇怪罪他，于是回来后他对秦始皇说遇到了海神，海神挡住了他的去路，还说徐福此次带的礼物太少了，让徐福等人回去携带更多的礼物再来。徐福还对秦始皇说，如果再许给我更多的物品，就能从海神那里得到长生不老药。

秦始皇相信了徐福的话，并且又为徐福增派了3000人以及技师、工匠、谷物种植等，命令徐福再次出海寻找长生不老药。秦始皇对徐福这次出海抱有很大的希望，认为徐福能尽快地回来，并且拿到长生不老药。

公元前210年，徐福再次出海。徐福第二次出海一般认为是从登州湾出发，率领船队向东航行，渡过了长山列岛、庙岛群岛，沿着辽东半岛向东驶入鸭绿江，再经过朝鲜半岛西海岸南下。秦始皇一直在此等待，但是三个月过去后，徐福也没有回来，于是就离开了。秦始皇见徐福没有回来，又派卢生等人出海寻找长生不老药，但他们都是空手而归。

徐福出海已经过去了9年，但是一直没音讯。秦始皇开始派人前去传召徐福，徐福当时仍然没有找到不老药，但是又耗费了大量的钱财，徐福担心秦始皇怪罪自己，所以对秦始皇所派的人员进行了交代，让他向秦始皇说明原因。徐福对秦始皇说，他们在海上遇到了大蛟鱼，这种蛟鱼很凶猛，挡住了船队的去路，所以延误了很长时间。徐福还恳请秦始皇能够增派更多的人手，并且携带武器杀掉大蛟鱼。秦始皇听完徐福请求后，很快答应了徐福，并且增派了大量的人员，携带弓箭、连弩等，准备去降服大蛟鱼，尽快寻找到长生不老药。

于是，秦始皇率领船队由琅琊启程，航行了大概十几里，经过荣成山，继续前行到达了芝罘，在这里果然见到了大蛟鱼，于是便命令所有弓箭手同时放箭，大蛟鱼虽然很凶猛，但也抵不过秦始皇人员众多，承受不住弓箭的伤害，被如雨似的弓箭射死后沉入海底。他派人告诉徐福，大蛟鱼已经被杀死，可放心在海上行驶，尽快找到长生不老药。

徐福等人依然没有回来，秦始皇后来再也没有听到徐福的任何消息。

关于徐福此次出海的经过也没有更多的史书记载。《史记》中记录徐福东渡内容比较多的就是《淮南衡山列传》，这里记述徐福到达蓬莱，并且和海神的一些对话，另外还说海神索要童男童女作为礼物等。但是，一般认为这只是徐福编造的托词，意在欺骗秦始皇，不然徐福可能也难逃一死。

关于徐福的故里也存在争议，最早记录徐福东渡的是《史记》，当时司马迁生活的年代距离徐福东渡的时间也只有七八十年，司马迁既然能把这件事写进《史记》中，一定是因为这件事流传很广，而且

大／航／海／家

Patrician

影响很大。司马迁在《史记》中这样记述道：
"齐人徐（福）等上书，言海中有三神山，
名曰蓬莱、方丈、瀛洲，仙人居之。请得斋戒，
与童男女求之。于是遣徐发童男女数千人，
入海求仙人。"司马迁在这里也说明了徐福
是齐国人，所以很多人认为徐福的故乡应该
是山东龙口。

　　另外，还有一种说法认为徐福的家乡在
江苏连云港市赣榆区（原赣榆县），1982 年
6 月在这里进行的一次地名普查中，在金山
镇发现了一个叫"徐阜"的村落。这里老一
辈的人说，"徐阜"原名是"徐福"，在明
清的时候还被称之为"徐福"村，并且在此
地还出土了一些文物。根据文物得知，赣榆
在战国的时候是属于齐地，秦朝时属于琅琊
郡。另外在连云港还有个名为徐恺的人，自
称是徐福的第 56 代后人，并且还拿出了自家
的家谱为证。所以，现在也把位于赣榆金山
镇南 1 千米的徐阜村称作是徐福故里。

　　但是这两种说法都没有准确的墓葬和
史书原文的详细记载，所以直到现在也争
论不休。

　　关于徐福出海的次数也有很大的争议，
一般认为徐福出过两次海，《史记》中记
载的出海时间分别为公元前 219 年和公元
前 210 年。但是徐福在航海的途中有没有

中国首位皇帝嬴政

回来，或者之前是否就已经有过出海的行为，这些也都无从考证，不得而知。

现在唯一可以肯定的就是历史上确有其人，也能确定徐福出过海，但是关于徐福东渡从何处起航，在海上经历了什么，徐福东渡的主要原因又是什么，这些都没有准确的说法。可以说，关于徐福东渡的很多内容都存在争议，但是这并不影响人们对徐福精神的歌颂。徐福在当时那个年代敢于率众出海，就是一种伟大的壮举，这是很多人不敢想象的，徐福的勇敢精神和敢于创新的精神是值得我们学习的，这一点是不存在争议的，也是毋庸置疑的。

徐福东渡究竟到了何处

公元前210年，徐福再次率众人出海寻找长生不老药，船队来到了现今的九州岛，最终"得平原广泽，止王不来"。

在这里徐福看到当地气候温暖、环境优美，人们也很友善，所以便决定在此生活，于是徐福便自立为王，此后再也没有返回中国。

他所带去的人和物品使那里发生了翻天覆地的变化，"弥生文化"就此诞生。那时的日本并没有文字，更不懂农耕。徐福为当地带去了文字、农耕和医药技术。徐福教当地人耕种、播种、育苗，很快当地人就学会了耕种的技巧，收获了更多的粮食。因此，徐福成为当地人心目中的"农神"和"医神"。同一时期，日本也开始使用青铜器和铁制生产工具，而且还有了自己的文字，而这些都和之前的日本绳文文化没有任何的传承关系，由此可见，这些都是由徐福带到当地的。日本古籍《神皇正统记》也有相关记载："四十五年乙卯，秦始皇即位。始皇好神仙，求长生不死之药于日本，日本欲得彼国之五帝三王遗书，始皇乃悉送之。"

大／航／海／家

Patrician

不仅如此，徐福还把中国先进的造船技术、航海技术教给了当地人。在日本和韩国，世代都有关于徐福教当地人种植水稻、凿水井、制造农具、传播医药、纺织等知识方面的传说，日本古代的造船业和航海业就此迅速发展起来。

关于徐福到达日本有很多相关的历史记载。《三国志》和《后汉书·东夷列传》中都有提及徐福东渡的相关事情。《三国志》提到了徐福到达亶洲（又作澶洲）并滞留不归。在《三国志》的记载中，亶

日本富士山

洲与夷洲同在中国外海的东南方向并相距不远。有人认为夷洲就是台湾，亶洲就是日本，与倭国是一个地方的两个名字。《三国志·魏书·倭人传》记载倭国"计其道里，当在会稽、东冶之东"，说明那时候中国人认为倭国在中国外海的东南方向。《后汉书》中也是同样的记录。

到了五代的后周时，济州开元寺僧人义楚在《义楚六帖》（又称《释氏六帖》）的卷二十一"国城州市部"的"城廓·日本"中，首次明确提到徐福最终到达的是日本（也叫倭国），今日的秦氏（日本古代渡来豪族）为其后代，仍自称秦人，并说徐福到达日本后，将富士山称为蓬莱。此为目前所知最早明确指出徐福滞留不归之地是日本的中国文献。不过有观点认为，义楚的记载很可能和日本的传说有关。因为义楚有一个日本醍醐天皇时代的僧人好友叫宽辅（法号弘顺大师，927 年到达中国），义楚没有到过日本，关于富士山的记载很显然来自他的日本好友的说法。

另外宋代欧阳修的《日本刀歌》中也明确指明徐福所滞留的地方就是日本，并且徐福还带去了大量的史书古籍，才使得很多书籍在秦始皇焚书坑儒后在日本得到保留。但是这种说法的真实性难以考证，无法认定其准确性。

在《日本国史略》中也记载了徐福东渡一事："孝灵天皇七十二年，秦人徐福来。（或云，徐福率童男女三千人，赍三坟五典来聘。福求药不得，遂留而不归。或云，止富士山。或云，熊野山，有徐福祠。）"并且在《富士文书》中提到了徐福到达日本，并且还写到了徐福来到日本后帮助当地人耕种，带来了很多新技术。但徐福害怕秦始皇的追杀，所以还要求同行男女各自改姓成为"秦""佃""福田""羽田""福台""福山"等姓氏。现在的日本歌山县还有姓秦的日本人，有些家门上依然刻着"秦"字。这可能就是当时徐福等人留下的后代。

但是关于徐福是否来到了日本仍然存在很大争议。有些学者认为徐福可能到达的是韩国而并非日本，韩国也有关于三神山和徐福东渡的传说，另外也存在徐福东渡的遗迹。还有些人认为徐福到达了海南岛，更有说到达了美洲大陆，并且在美国的旧金山附近也确实出土了中国篆文的文物。这些文物也有可能是当时徐福来到此地留下的，但具体的时期朝代我们不得而知。

1918 年，陶亚民先生发表了一篇名为《徐福事考》的文章，很多历史学家参与其中。当时一些著名史学家，如汪向荣、卫挺生等也都参与了这一研究。他们把徐福和日本联系起来，研究中日的海上交通。1981 年，汪向荣先生再论"徐福东渡"，并且他还认为徐福是真实存在的人物，针对日本古代史的研究绝对不能忽视徐福的存在，其研究也取得了一定的成绩。一些中国有影响的史学元老和中青年史学工作者也对这一课题颇感兴趣。如复旦大学的吴杰教授、辽宁大学的孟宪仁教授，都曾对徐福东渡之事有过研究。但是《史记》对于徐福东渡的事情记载不详，使得这一历史事件争论颇多，很多研究也没有突破性进展。对于徐福东渡是否到达日本，也没有十分准确的说法。

但是徐福东渡肯定是到达了海外，并且也确实带去了先进的技术，加速了海外文化的融合，促进了人们的发展，一定程度上提高了生产力。这些都是徐福东渡所产生的积极影响，具有非常重要的历史意义。

后世影响以及长生草的传说

关于徐福的传说有很多，一直也是虚虚实实，无从考证，从古至今徐福东渡问题都是中国史学界的"谜案"，但同时也是当代研究史学文化的热门话题，徐福文化成为了中国与东北亚地区一种独特的文

纵横家鬼谷子

化。在中国，历代的许多文人墨客也都对此进行过撰文赋诗。唐代著名诗人李白就曾对徐福一事写过诗赋，其《古风》（三）有"徐载秦女，楼船几时回"的诗句；宋代欧阳修的《日本刀歌》更是被中日人民所熟知；元朝的吴莱对徐福传说很是好奇，他曾经驾船来到东海寻访古迹，写下了著名的《甬东山水古迹记》，把徐福在舟山群岛中的遗迹都记录下来，并且还写下了《听客话蓬莱山紫霞洞》《听客话熊野徐福庙》等诗篇；明朝的宋濂和李东阳也都以此为题材进行过诗赋创作。

有关徐福东渡的故事中有一个最为重要的线索就是"长生不老药"，这是徐福东渡的起始原因，同时也被认为是秦始皇的根本目的。对于长生不老药的传说，也有一段野史的记载。

在秦始皇那个时代，由于秦始皇的暴政导致很多人流离失所，街头巷尾到处都是死去的人。很多冤死的人横陈野外，无人埋葬，有些鸟衔来一种草盖在死人的脸上，死者就活了过来。有人就把这件事报告给了秦始皇，秦始皇派人找到鬼谷子进行询问，想要得到这种草。鬼谷子说这种草名叫不死草，生长在海上的祖洲，于是秦始皇就派徐福去寻找，但是徐福却一直没有回来。后来，据说有人看见徐福已经得道成仙了。

在唐朝年间有一个读书人得了一种怪病，

请了很多大夫都没有治好，他听说海上有仙人可以治病，于是便出海寻找这位仙人。果然，他在海中发现了一个岛屿，在这个岛屿上他看到有很多人聚在一起，不知道在干什么。他走近后看到了一位白发徐君，并且徐君还给了他药，吃完后他的病便好了，有人说这位徐君就是徐福。

关于长生仙草后世也有很多说法，但是也都无从考证。有说是灵芝的，说灵芝可以治愈百病，被称之为"不死药"。

另一个有趣的传说是关于日本祝岛的不死之药，在日本古籍中把这种药称之为"千岁"，说这种药大小如核桃，味道甜美，汁多肉厚，并且传说吃后可以保证长生不死，就算闻一闻也可以多活几年。后来经过多位学者和相关专家的探访和研究，千岁被认定是一种野生猕猴桃。

还有一个关于八丈岛咸草的传说。据说在八丈岛上生长着一种伞状的咸草，叶子明亮有光泽，并且可以食用。咸草的生命力极强，叶子摘掉后便可以马上长出新叶，因而也被称为"明日叶"。咸草味道鲜美，营养丰富，据八丈岛上的人说，徐福要找的就是咸草。

虽然很多故事现在看来有些荒诞，但是这对徐福东渡的研究也具有一定的意义。而且这些传说给徐福东渡的故事添上了一层神秘的面纱，让更多的学者和专家对其研究，有利于对徐福东渡历史的进一步解读。不管怎么说，徐福东渡本身的影响是无法否认的，他将中国文化带到了日本、韩国等地，所作出的贡献是毋庸置疑的。

Part 3

郑和下西洋

提到中国较为著名的航海事件，最被人熟知的就要数郑和下西洋了。郑和七次下西洋，率领数万人，乘坐巨大的宝船在海中航行，船队的规模在当时的航海史上也是独一无二的。郑和在航行的途中，从西太平洋穿越印度洋，对周边三十余个国家和地区进行了访问；郑和开拓了新航路，把更多先进的技术带到了东南亚各国，促进了东南亚各国之间的贸易发展；而且郑和打击海盗，稳定了东南亚的秩序，同时还震慑了倭寇，维护了国家安全。可以说，郑和下西洋在历史上具有重大意义，对于整个东南亚乃至全世界的发展都起到了促进的作用。

郑和与永乐帝朱棣的故事

郑和本姓马，明洪武四年（1371年）出生在云南昆阳。公元1381年，朱元璋任命手下的大将傅友德、蓝玉等率领30万大军，发起了统一云南的战争。在战争中，年仅11岁的马和被明军俘虏并遭受阉割，在明军中做起了秀童。后来，进入了南京的宫中。

马和14岁那年，被派发到了北平的燕王府。这也是马和第一次与燕王谋面。当时的燕王朱棣见马和聪明、勤奋，便把马和留在了自己身边，作为自己的亲信，还请专人来对马和进行授课，并且还特许马和可以随时翻阅宫中的书籍。马和从小就聪明好学，在朱棣的引导教育下很快就成为了一名学识渊博的人。

马和长大后，身材魁梧健硕，再加上学识丰富，才思敏捷，燕王交给他的任务，马和每次都能出色地完成，因此受到了朱棣的器重。尤其是在朱棣登基的过程中，马和更是起到了十分重要的作用。于是在永乐二年（1404年）正月初一，朱棣赐马和"郑"姓，升任为"内官监太监"，从此马和变为"郑和"。因为郑和又名三宝，所以当时称之为"三宝太监"。郑和从小就跟随朱棣南征北战，是"靖难之役"有名的功臣，也是永乐皇帝朱棣的心腹。这些都为郑和日后下西洋打下了坚实的基础，但是下西洋时之所以任命郑和为总兵正使，还是有很多原因的。

七下西洋的郑和

首先，郑和从小就在明军中长大，对于行军打仗之事耳闻目睹，很是熟悉，转入燕王朱棣的府中后，他接触了理论教育，拥有丰富的学识。郑和成年后，跟随朱棣参加过"靖难之役"，经历过大战，出生入死无数次，具有很强的实战经验。因为郑和学识丰富，懂兵法，有智慧，所以朱棣才会把两万多的人马交给郑和，在后来下西洋途中郑和几次的军事行动中我们也可以看出这点，郑和确实拥有这样的才能。

另外，郑和拥有很强的外交能力，熟悉西方很多国家的历史、宗教、地理和文化。在下西洋之前，郑和就曾出使过暹罗、日本等地，有一定的外交经验。尤其对于出使日本，让日本主动清剿了中国沿海地区的倭寇，并和日本建立了长期的外交合作关系，签订了贸易协约。这些外交协议的签订以及一些外交事务的解决让永乐皇帝朱棣很是满意，并且清剿倭寇还为下西洋清除了障碍。也正是郑和超凡的外交才能，才让朱棣把下西洋的任务交给他。郑和也不负众望，在下西洋过程中与很多国家都建立了友好的外交关系。

郑和还具有一定的航海知识和造船知识。郑和从小就受到父亲的影响，对于海洋和航海知识有了一定的接触，并且对于航海有着深深的向往之情。在担任内官监太监时，对于营造宫殿、建造海船也有了一定的认识。在此期间，郑和对于造船进行过仔细的观察和研究，这对于他日后的航海都积累了大量的经验。

还有一点就是郑和的身份较为特殊，身为被阉割之人，又被永乐皇帝信任，同时熟悉各地的民俗风情，有利于和各个国家进行沟通。

郑和与永乐皇帝朱棣从相识到后来成为朱棣的心腹，就好像是一段传奇的故事。郑和少年时与朱棣的相识可以说改变了郑和的一生，让郑和的航海才能得到了充分的施展。同时郑和也为永乐皇帝朱棣增添了一名不可多得的将才，他辅佐朱棣，使明王朝得到了更好的发展。朱棣和郑和就像是两种化学物质，两者的相识产生了化学反应，并且二人还都是各自的催化剂，使这个反应进行得愈加强烈。

三宝太监挂帅

郑和下西洋展示了明朝前期中国国力的强盛，是中国历史上伟大的壮举。为中国的海上贸易开拓了道路，对中国以后的政治、文化、外交方面都产生了极其重大的作用。

明代初期，朱元璋在位的31年间，励精图治，国家经济取得了很大的发展，农业经济得到了恢复。在手工业方面也有了很大的发展，在矿冶、纺织、陶瓷、印刷等各方面都得到了不同程度的提高。中国的丝织品、瓷器等受到欧洲一些国家的欢迎。在造船业方面也取得了不错的发展，航海技术取得了很大的进步。开始出现了大批的航海水手，这对于后来明成祖的海外贸易奠定了坚实的基础，提供了充足的物质条件。

明成祖朱棣

明太祖朱元璋逝世后，其孙朱允炆继位，但在位时间并不长。1402年明朝第三位皇帝明成祖朱棣夺得皇位，当时明朝已经建立了30多年，经济和人们的生活也并没有因为这场政治变故受到太大影响。当时的中国广州等沿海地区已经取得了不错的发展，在经济发展如此好的时候，发展海外交通和海上贸易已经成为十分迫切的事。另一方面，明成祖也想通过这样的对外航海活动来展示自己国家的实力，建立自己的威望。

于是明成祖朱棣决定组建一支强大的船队前往"西洋"诸国，命当时的三宝太监郑和率领海船进行远航。

当时郑和率领 200 多艘海船、2.7 万多人从太仓的刘家港起锚（今江苏太仓浏河镇），至福州闽江口五虎门内长乐太平港驻泊伺风开洋，远航至西太平洋和印度洋并拜访了 30 多个国家和地区。郑和的航行总共分为七次，每次都有不同的经历。

永乐三年（1405 年）六月，三宝太监郑和第一次下西洋，船队顺风南下，到达爪哇岛上的麻喏八歇国。爪哇古名阇婆，今印度尼西亚爪哇岛，是南洋的重要地点，人口众多，物产丰富，商业也很发达。当时这个国家由东王和西王统治，两者正在内战，东王战败，其属地被西王占领。郑和来到此地进行买卖交易，被西王认为是东王派来的援军，所以被西王部下误杀，总计 170 人。郑和部下的军官也都开始请战，准备给予报复。

这件事情发生后，西王知道自己误杀了郑和的人，十分害怕。西王开始派使者到郑和的驻地，想要用 6 万两黄金来赎罪。郑和第一次下西洋就遇到了这样的事，自己无辜损失了 170 名将士，但他考虑到以后的行程，如果向西王开战必然会使沿岸的各国都惧怕明朝，影响到以后的访问，而且西王是误杀并及时认识到了错误，所以郑和决定息事宁人并放弃对西王的赔偿要求，西王知道后很是感动，两国从此和睦相处。

郑和第二次远航是在永乐五年九月十三日（1407 年 10 月 13 日），据记载有 27000 余人。第二次的主要目的是送国外使节回国。此次出访也到达了很多国家，其中包括占城（今越南中南部）、渤尼（今文莱）、真腊（今柬埔寨）、爪哇、满剌加、锡兰、古里等地。到锡兰的时候，郑和还向佛寺布施了金银、丝绢、香油等。郑和船队于永乐七年（1409 年）夏回国。

永乐七年九月（1409 年 10 月）皇上命正使太监郑和和副使王景弘，再次率领 27000 余人，驾驶海船从刘家港起航，到达占城、宾童龙、真腊、假里马丁、爪哇、花面、锡兰等地。锡兰国国王亚烈苦奈儿"负固不恭，谋害舟师"，将郑和诱骗到国中，发兵5万围攻郑和船队，被郑和察觉，郑和趁亚烈苦奈儿的军队倾巢而出，率人取小道攻入亚烈苦奈儿王城，生擒了亚烈苦奈儿及其家属。

郑和第四次下西洋是在永乐十一年十一月（1413年11月），第五次是在永乐十五年十六日（1417年6月），第六次是在永乐十九年正月三十日（1421年3月3日）。永乐二十二年，明成祖去世，仁宗朱高炽即位，以国库空虚的原因下令停止下西洋的行动。宣德五年（1430年），明宣宗因外番不来朝贡，命令郑和等人前往西洋忽鲁谟斯等国公干，这是他第七次下西洋。随行人数达到了27 550人。在返航的途中，郑和因劳累过度于宣德八年（1433年）四月初在印度西海岸古里去世，船队由王景弘率领返航。

我们可以看出，郑和下西洋的船舶技术先进，航程远，船只的吨位大，航海人员众多，并且人员组织严密，在当时的世界上是极其罕见的。郑和下西洋的航海成就和西方人相比也毫不逊色，在航海时间和船队规模等方面都是西方人望尘莫及的。

郑和下西洋加强了明朝政府和海外各国的联系，向海外传播了先进的种植技术和很多先进文化，加强了东西方的交流。

郑和的航行比哥伦布发现美洲大陆早了87年，比达·伽马到达印度早了92年，比麦哲伦首次环球航行早了114年，在世界航海史上，他开辟了贯通太平洋西部与印度洋等大洋的直达航线。但由于永乐十九年北京紫禁城的一次大火，把郑和下西洋的大部分资料都烧掉了，所以国人今天看不到完整的历史记述了。

另外，郑和下西洋的历史意义还有很多超出航海之外的解读。郑和下西洋中所做的海外政治干涉，使马六甲沼泽地成为日渐繁荣的商业中心。

造宝船和铁锚

郑和下西洋所率领的船队是一支特混船队，当时有 200 多艘船同时参与此次航行，是 15 世纪世界上最大最完备的船队。其船队大致可分为六种，分别是：宝船、马船、粮船、坐船、战船和水船。除了宝船外的五种船只也分别有其重要的作用。

马船又被称为快马船，长 123 米，宽 50 米，是海中战斗的主要船只之一，另外马船还可以进行马匹等军需物资的运输，是一种两用船。

粮船在当时主要运输船队所需的粮食和对船员的后勤补给，当时船上所有人的食物和一些正常生活物品都由粮船提供，粮船就相当于整个船队的加油站，为船队的正常航行提供足够的物质补充。相当于今天的干货补给船。

郑和宝船

坐船全称为战坐船，一般长为 80 米，宽 31 米，是船队中的大型护航主力战船，同时也是当时的指挥人员指挥的专用船。在作战时，指挥人员可以乘坐坐船对战斗进行全面的掌控。

战船的体积没有坐船体积大，是专用的作战船和护航船。战船是战斗主力，长 60 米，宽 23 米，维护着整个船队的安全，同时为船队提供了最大的火力输出。

水船是在当时航行中贮藏淡水的船只，为整个船队的人员提供淡水资源，是粮船的协同船只，两者都是为船员的生活提供最基本的保障。

其中宝船是船队中最大最主要的船舶，相当于现代舰队中的主力舰，是船队中的核心。根据《明史·郑和传》记载：郑和当时下西洋所用宝船一共有 63 艘，最大的长四十四丈四尺，宽十八丈，折合成现在的长度为 151.18 米，宽 61.6 米，是当时世界上最大的海上用船。宝船有四层，船上的桅杆可以悬挂起 12 张船帆，它的铁锚重 4 吨，有 9 米高，需要二三百人才能举动。宝船体型巍然，巨大无比，可以同时容纳上千人。《明史·兵志》又记："宝船高大如楼，底尖上阔，可容千人。"

据相关记载，大号宝船总共可分为八层。最底下的一层全部放置砂石，是为了保证船平稳前进的，也就是我们俗称的压仓。倒数第二、三层两个长 80 米、宽 36 米、高 2 米的巨大货仓，是储备粮食和货物用的，这两层也是宝船的补给中心。倒数第四层，也就是挨着甲板的一层，是士兵和船员等人员睡觉休息的地方，这层的外层一圈设有 20 个炮位，用来攻击敌方目标和防守。再上面就是船甲板了，甲板上总共被分为两个部分，船头有前舱一层，主要用于船上水手的生活和工作。而在船艉的舵楼才是宝船的"大脑"，舵楼一共分为四层，一层是舵手的操作室，另外还设有医务室；二层叫作官厅，是郑和等官员和外国使节居住和工作的地方；三层是神堂，用来供奉妈祖诸神，并设有四名阴阳官员专门管理。舵楼的最上面一层是用作指挥、各船之间的信号联络和气象观测的场地。行船遇到问题可以依靠高处的优点和其他船只进行联络。除了前舱和船尾舵楼，甲板中间还专门设有一片空场地，用于船上人员的习操和娱乐之用。

宝船的建造结构也是很有特点的。郑和宝船的桅杆总体上采用的是纵帆型布局、硬帆结构，船帆上带有支撑的木条，起到了对整体船帆的加固作用，即使大风也不至于把船帆吹坏。整体上，宝船设置了多个横舱壁，把整个船体大舱分为几十个小舱，这样加强了船体的结构和分舱水密抗沉的作用，同时分舱增多也便于货物的储存和分类。

宝船又是靠什么动力前进的呢？木质帆船在海上航行主要借助风的力量来吹动船帆或者依靠水手的手动划桨。郑和宝船在此基础上又进行了改善，采用硬式船帆，帆面上设有撑条。这种帆虽然升降费力，但是却可以承受海上的大风，提高航行速度。而且桅杆也不是固定的，可以灵活运用，可以有效利用多面风向来行驶。宝船的船桨采用的是大型船桨，船桨可以通过侧壁孔深入水中，然后多人进行摆桨，两侧可以同时进行，相当于现在的螺旋桨。而且两侧船桨还可以通过力量和摆动的方向来控制宝船的航向，大大提高了宝船的航行效率。

船上还设有开孔舵和大型船锚。宝船在海上的航行方向还可以受船舵的控制。宝船上的船舵采用升降式，在深水区可以自由摆动，控制船的方向。而在浅水区就可以把船舵升起来，避免船舵触碰海底受损。郑和宝船在此基础上还用了开孔舵，使船舵操作更为简便。

郑和宝船上还设有很多船锚，这些带爪锚和带横棒多爪铁锚为宝船停船时提供了足够的稳定性。另外除了小型船锚外，宝船还设有大型船锚，我国曾出土过类似的大型船锚，重量达到了千斤以上。

宝船的船体之大在历史上是有相关记载的。据《崇明县志》记载，公元 1424 年，也就是永乐末年，郑和船队返航行驶至刘家河，但是因为船体太大无法停靠，所以宝船不得不回到崇明去停泊。《明史》以及其他的资料记载中也没出现当年大旱或者水位异常的情况，也就是说当年的长江水位应该是正常的。著名的太仓刘家河港居然不能让宝船正常驶入，可见宝船当时的吃水程度之深以及宝船的体积之大。当时的宝船极有可能就是前文所提及的大号宝船。

1957 年 5 月，在明代南京龙江船厂遗址上出土了一个全长超过 11 米的巨型舵杆，依此推理，也确实存在如此之大的宝船。很多学者和专家也认为如此大的宝船是存在的。

郑和宝船的具体规模、行船的动力及船队人员的编制在今天一直都存在争论。但不管巨大的宝船是否存在，也不管大号宝船是否为当时郑和下西洋所用，郑和下西洋是真实存在的，而且也成为我国甚至世界上的壮举。同时也对我国航海贸易、文化、外交、军事等方面都起到了积极作用。

擒杀海盗陈祖义

公元 1407 年，郑和第一次下西洋返回，在船队到达旧港（今苏门答腊岛的巨港）的时候，遇到了海盗头目陈祖义。接下来就发生了一系列的事情……

郑和

陈祖义的祖籍是广东潮州，全家在明洪武年间逃到了南洋，在海上成为海盗，曾在马六甲海峡盘踞十几年，战舰人员有很大的规模。在鼎盛时期，他手下的人员更是达到了上万人，成为当时世界上最大的海盗集团头目之一，在日本、我国台湾、南海、印度洋等海面雄霸一时。他曾在海上劫掠过上万艘的过往船只，获得过无数的珍宝钱财，还攻陷过周边沿海的五十余座城镇，南洋的一些国家甚至还曾对陈祖义进献。

明太祖朱元璋曾想捉拿他，并且赏金达到了 50 万两白银。到了后来的永乐年间，赏金更是达到了 750 万两，而当时的明朝政府每年的财政总收入也只有 1100 万两左右，这使陈祖义成为当时赏金最高的通缉犯。

后来由于多方的压力，他逃到了三佛齐（今属印度尼西亚）的渤林邦国，当时渤林邦国的国王是麻那者巫里，陈祖义凭借着一身本领还在国王手下当上了大将。麻那者巫里死后，陈祖义成为了渤林邦国的国王，其身边还聚集了大批海盗，当时是明朝永乐皇帝执政，他曾试图打压海盗陈祖义。而陈祖义也开始向明王朝永乐皇帝进贡，但是陈祖义的进贡方式却有所不同，他派人驾驶空船出发，在前往进贡的航路上，一路抢，一路劫掠，抢到什么就进贡什么，而且在回来的途中，陈祖义也从不落空。最让明朝永乐皇帝气愤的是，他不但抢夺西方小国家的货船，而且就连明朝的使船也劫掠。

永乐三年六月（1405 年 7 月），郑和船队第一次下"西洋"，永乐五年（1407 年）返航回国。在返航的途中，船队到达陈祖义的驻地。当时郑和还曾派人想要招抚陈祖义，陈祖义看到郑和浩荡的船队和如此巨大的宝船，认为船上一定有很多宝物，习惯了烧杀抢掠的海盗陈祖义开始对郑和船队有了想法。于是，他派人向郑和表示想投诚，这只是陈祖义的计谋，他想要利用假投诚让郑和放松对自己的警惕，从而使自己的抢夺计划更易于实行。但当时陈祖义的人员以及战船规模都不如郑和，郑和的人数和战舰的数量是陈祖义的几倍。陈祖义的部下也开始对这次抢夺充满怀疑，不敢轻举妄动。于是陈祖义鼓动部下说："郑和的船队虽然浩大，人员众多，但是都是一群乌合之众，都是水塘部队，大多数都是陆地兵，没有海战经验，并且都是第一次涉足远洋；郑和的船虽然大，但是行动起来却很迟缓，没有我们的船只灵活，并且不熟悉我们这里的地形。"更为重要的是，陈祖义知道郑和是一个太监，他根本没瞧得起郑和，认为太监能有什么作为，即使给他千军万马也未必懂得指挥，何况郑和还是个陆地太监。

郑和在得知陈祖义想要投诚之后并没有对他放松警惕。而且郑和在返航途中经过占城以后，一路上听到的都是对陈祖义的骂声，并未有人提及陈祖义的好处，都认为陈祖义是一个十恶不赦之人。另外陈祖义的阴谋还被旧港一个名叫施进卿的头目知道了，这名头目是个中国人，知道郑和是明朝的将领，于是把陈祖义的阴谋告诉了郑和，郑和也更加确信自己的想法是对的，对陈祖义的警惕是非常有必要的。于是郑和对陈祖义的假投诚偷袭做了充分的准备，对手下人员进行了详细的战略部署。陈祖义万万没想到，自己的阴谋早已被郑和识破了。

陈祖义果然率领全部海盗进行偷袭，郑和早已做好了准备，对陈祖义的偷袭计划也是了如指掌。于是在陈祖义进行偷袭时，郑和迅速指挥战船从四面对陈祖义海盗集团进行了包围，并采取事先安排好的战略，实行火攻，致使海盗船只迅速燃起大火，海盗乱作一团，船上一片鬼哭狼嚎之声。郑和趁此机会下达了进攻命令，登船杀死海盗5000余人，烧毁了海盗船只10艘，还缴获了7艘战舰。陈祖义也被郑和的部下生擒，郑和将其等人囚禁于船中并派专人把守。

回国后，郑和将陈祖义等人押解回京。永乐皇帝朱棣下令将陈祖义斩首，并且是当着各国使者的面杀掉了陈祖义等人，还将其首级示以众人，以表威严。施进卿因为揭露陈祖义的阴谋罪行而受到了皇帝的嘉奖，被封为旧港宣慰史。

郑和此次下西洋海盗之战，铲除了海上长期以来的海盗祸患，不仅证明了明朝政府的统治力，弘扬国威，还维护了海上的交通安全，拉近了与各国之间的距离，为沿海人民带来了文明的海上环境，受到了来自各国的称赞。

扶助苏门答腊王

关于苏门答腊岛的名称来源存在两种说法：一说该岛名来源于梵文 SamudraDvipa，samudra 意为"海"，dvipa 意为"岛屿"，故苏门答腊古时曾叫苏瓦纳布米（Sumutrabhumi），意为"光辉绮丽的乡土"，这个名字的同义词即苏门答腊布米（Sumutrabhumi），苏门答腊即从苏门答腊布米演变而来。苏门答腊在古代被称之为安达拉斯，这个名字是源于阿拉伯语。在几百年之前，这片岛上的人们都种植橡胶树，人们又把它称之为"帕齐亚"，印度尼西亚语译为"橡胶岛"。在印度尼西亚独立后，该岛又被称之为"希望之岛"。关于苏门答腊岛这一名字在中国的古籍中很早就有记载，在《元史·世祖纪》中出现最早，其中记述了至元十九年（1282年）苏木都剌国派遣使者来朝中拜访。苏木都剌也成为中国古代最早对该岛的译名，之后它的名字经常出现在各种古籍中，到了清朝才被译为苏门答腊，而近代的图书等也都一直沿袭这一译名。

当年，郑和下西洋时就曾来到此岛进行过外交访问，并且和苏门答腊国建立了良好的外交关系。明永乐三年（1406年），苏门答腊王苏丹罕难阿必镇曾派遣使者阿里进宫进贡，当时明成祖朱棣还诏封苏丹罕难阿必镇为苏门答腊的国王，并且赏赐大印和无数的金银财宝。5年后苏门答腊再次入宫进献。

该国的前伪王子苏干拉，刚谋划杀掉了国王白立为王，他怨恨郑和不赏赐自己，率兵攻击郑和的船队。郑和奋力作战，追到喃渤利捉住了苏干拉并俘虏了他的妻子儿子，苏干拉后来被郑和押回京斩首。

苏门答腊岛

Part 4

航海家亨利亲王

14世纪初期，欧洲航海事业发展极为迅速，为首的葡萄牙成为了海上的强国。葡萄牙很多航海家对葡萄牙乃至全世界都做出了巨大的贡献，其中葡萄牙初期最为著名的航海家就是亨利王子了。他虽然没进行过几次航海，但是却设立了世界上第一所航海学校，并且奖励航海事业，为葡萄牙航海事业做出了巨大的贡献。在他的带领下，葡萄牙以及欧洲各国都开始大力发展航海事业，亨利王子也成为欧洲航海事业的奠基人。

圆了基督骑士的梦

亨利王子是葡萄牙国王若奥一世的第三个儿子，据传亨利出生的时候，正是黑夜，当时天上的星象发生大变，亨利的父亲也就是葡萄牙的国王若奥一世，看到天上的星象突变，很是震惊，于是马上找懂得星象的人查看原因。当时国内的一位老者告诉国王，说三王子亨利的出世使天上的星象发生了变化，根据变化来看，这应该是大吉之相，预示着三王子日后必将能成为一个伟大高贵的人，能发现别人看不到的东西，并且能改变葡萄牙的命运。据说当时老者说完后便离开了。国王听完后觉得很不可思议，还想重重赏赐那位老者，但那位老者却始终没有出现。

亨利从小在宫廷中长大，再加上不平凡的出生预兆，父亲喜欢亨利，认为亨利日后一定能成大事，为国家做出大贡献。在亨利几岁的时候，父亲就开始教他读书写字，从那时起亨利就养成了爱读书的习惯。每次亨利读书时，都会找到一个安静的地方，小小的亨利觉得只有静下心来，才能把书中的知识记住。

有一次，他拿着一本关于国家管理的书，坐在宫中后花园的大柳树下津津有味地读了起来。虽然亨利年龄小，但他对书中所写的内容却有自己独到的见解。亨利在树下捧着书，目不转睛地看着。父亲处理完国事后从后花园经过，看到大柳树下坐着一个人，那瘦小的身影让父亲一下就想到了亨利。父亲慢慢地走近亨利，看到亨利正在拿着又大又厚的书痴迷地看着。父亲看到那本大书足可以遮住小亨利的半个身子，小亨利的小手捧着大书的样子甚是有趣。父亲没有打扰小亨利，而是慢慢向小亨利移动，想要看看这小亨利为何对这样的书籍感兴趣，但是又生怕打扰到他。父亲挪到小亨利的身后，看见小亨利正在指着书中的每个字认真地读着。小亨利突然察觉到身边有人，于是猛然地向右面看了一眼，还被吓了一大跳。父亲摸着小亨利的头，目光中尽是欣慰和赞许。

从那以后，父亲就开始让小亨利学习战略和战术，学习国家的管理，让小亨利熟读古今中外的名书。

葡萄牙国王

小亨利慢慢长大了，他知道自己是一名王子，他知道自己不光要有学识，还要懂得战斗，这样才能保卫自己的国家。当时亨利的大哥杜阿尔特一世已经开始勇敢地在战场上与敌人搏斗，他因为作战勇猛，冲锋陷阵，还被授予了骑士的称号。亨利看到哥哥成为了光荣的骑士，也想和哥哥那样为国家效力。但当时根据惯例，只有上战场勇猛杀敌，并且取得胜利才能被授予骑士的称号。

小亨利从小就信奉基督教，是一名基督教徒。他为人友善，不太喜欢战斗。但是亨利觉得，基督教徒就应该保卫自己的国家，把基督教带给更多的人。从那以后，亨利每天仍然不断地读书，同时每天早上，开始和士兵们一同操练。亨利知道，上战场可不是儿戏，那是要有本领的，只有身强力壮，才能在战场上赢得胜利。亨利虽然在宫中长大，但是毕竟没有上过战场，没有实战经验。于是，他还特意找他的大哥来教他作战的知识和剑术等技巧。亨利每次都很用心地学习，将哥哥教他的招式和技巧都记在心中。亨利在那段时间里，每天晚上只睡 5 个小时，几乎把所有的时间都投入到了读书和训练当中。

终于一个偶然的机会，亨利得知远在海外北非的休达城对于葡萄牙国王没有多少了解，而且和葡萄牙之间也没有任何交往，亨利想利用休达城来完成自己成为骑士的愿望。

亨利把这个大胆的想法告诉了父亲，得到了父亲的支持，还得到了葡萄牙财政大臣的帮助。亨利开始积极部署，他知道想要攻击休达城就需要渡过海洋，所以要进行很多准备。于是他开始打造作战军舰，另外他还秘密派人前往休达城打探那里的情况，侦察休达城的军队人数以及防御情况。他还专门派出了懂得海上作战的人，对休达城附近的海域情况进行侦察，并且绘制了一张简单的海路图。根据侦察回来得到的情况，他草绘了一份休达城的地形图。一切都准备就绪了，亨利决定开始向休达城进攻。

1415 年 8 月中旬，亨利秘密带领上百艘军舰和数万人向休达城驶去。休达城内的摩尔人完全不知道一场灾难将悄然来临。临近中午时分，亨利的船队行驶到了休达城的外海，对休达城进行了迅速包围，亨利迅速攻入城内，和休达城内的军队展开了激烈的战斗。亨利对于这里的地形早已了如指掌，对于休达城的防御体系和军队的规模也都有所了解。所以很快亨利就占领了休达城，而这场战斗只不过用了一天的时间。由于亨利战前准备充分，知己知彼，所以葡萄牙只损失了8 名士兵。这让完全不知情的休达人震惊不已，败得心服口服。

通过这次战斗的胜利，亨利得到了骑士的称号。另外，亨利通过此次远征作战，还对航海发生了兴趣，他觉得航海是个非常有趣的过程，只要有足够的物质基础，就能在海上长期航行。海上可能拥有更多未知的地方，等待着人们去探索。这次海上远征为亨利以后的航海事业埋下了深深的伏笔。

亨利的这次战斗为葡萄牙扩张了领土，后人也公认为这次事件是欧洲人向外扩张的开端。

路在何方，寻求海路通向印度

亨利在占领了休达城后，开始在休达城安排葡萄牙人进行殖民统治。1417 年，摩尔人组织军队再次包围了休达城，对当地的葡萄牙殖民统治发起了抵抗。亨利再次率领着军队来到休达城并解决了休达城动乱的问题。

亨利在解决完问题之后，并没有马上离开休达城，而是在城中度过了三个月，这是改变历史的三个月。

在休达城的三个月中，亨利从战俘和商人口中了解到，有一条古老的商路可以穿过撒哈拉大沙漠，经过 20 天左右就能到达传说中的"绿色国家"，也就是今天非洲的几内亚、冈比亚、塞内加尔、马里南部和尼日尔南部等国家，从那里可以获得非洲的黄金、象牙、胡椒等。但是葡萄牙人对于从陆路穿过沙漠没有经验，于是亨利萌生了一个大胆的想法，他想要通过海路到达传说中的"绿色国家"。这个想法得到了国王若奥一世的赞同和认可。

亨利自从有了这个想法后，就开始对航海产生了浓厚的兴趣。亨利开始搬到了靠近圣维森特角的一个叫萨格里什的小村中并且在那里定居下来。这个地方是一个小港口，出门就能看见大海。这里也成为亨利航海事业的最初发展地，亨利也在此做出了对航海的巨大贡献。

在 1418 年，亨利派出了他的第一艘探险船队，一直向南行驶寻找几内亚。但是由于当时的航海技术不发达，探险船队偏离了航向，被风吹到了西方，却阴差阳错地发现了现在的马德拉群岛，亨利王子也随后宣布马德拉群岛归葡萄牙所有，并且在 1420 年派出了殖民统治船队，他的第一次探险虽然没有发现黄金，但是也不是一无所获。

亨利在萨格里港每天都在看那些有关于航海的书。一天，他在一本书中发现了这样的一个记载：在遥远的地方有一个美丽的国度。那里鸟语花香，物产丰富，牛羊成群，黄金遍地，珠宝成山，生活在这里的人过着神仙般的生活。亨利被这书中所描写的景象深深吸引住了，他又重读了一遍，生怕落下每一个字。看完后他合上书，走出家门来到海港，仰望着天空大喊道："我一定要找到这个美丽的地方！"

但是书中写的地点不是很明确，只是指出了在尼罗河附近，而且被海水所隔。亨利知道想要找到这个地方是非常困难的，但是他没有

葡萄牙帆船

放弃，而是更加坚定了信念，决心一定要找到这个人间仙境。

亨利知道自己的力量有限，而且对于航海方面还不是很了解。于是亨利开始在此贴出布告，招兵买马，网罗一切有关的人才。不管是天文学家还是地理学者，不管是航船技师还是海上船员，不管是船舶设计师还是造船的工匠，他都来者不拒。他在众多的人员中，挑选人才。他挑选的船长都是千里挑一的，都拥有丰富的航海经验和过人的胆识。他选的造船工匠都是工匠中的老资格，有着长期的造船经验，对于造船都有自己的独特技巧。他选的船员更是个个身强力壮，沉着稳重。

亨利召来了大量的人员，然后对挑选合格的人进行训练。亨利知道，要想寻找这个美丽的国家，就应该拥有一支技术过硬的船队，不然一切都是空谈。亨利对于人员制定了严格的规矩，让人觉得都有些过分。亨利对手下的人说："如果水手在工作中偷懒，一旦被我发现，晚上就不给面包吃，而且严重的连水都不让喝。"如果水手的头目犯了错误，那惩罚更为严厉，除了不让吃东西以外，还要承受皮肉之苦。亨利相信，只有通过这样严厉的约束才能让这些水手们发挥更好的作用。水手们每天在这样严厉的工作环境中度过，慢慢自然就养成遵守规则、服从命令的好习惯了。

亨利建造了帆船，而且拥有了一支纪律严明的队伍。在1422年，亨利再次委派船队探险去寻找新的陆地，此次寻找的不是"绿色国家"，而是存在于亨利心中的美丽仙境。此次航行，探险队开始有目的地进行寻找，路过沿海城镇并向当地人询问，但是人们都未曾听说有这样一个美丽的地方。亨利每天都站在山顶上瞭望，盼望探险队能早日归来，希望他们能找到那个美丽的国家，带回令人振奋的消息。探险队终于在半年以后回来了，但是并没有发现那个美丽的国家，只是发现了几座小岛。这令亨利很是难过，但是他没有放弃，坚持认为那个美丽的国家一定就存在于大海中的某个岛屿上。

亨利几次派人寻找书中那个美丽的国家，但是始终都没有消息。在后来，亨利开始不断地改变航行路线，利用各种航道去寻找那个未知的国家。在派出的船只中，有些再也没有回来，亨利知道他们可能遇到了海上灾难或者碰上了海盗。但是即使是这样，他也没有放弃对航海事业的热爱。虽然亨利没有出过几次海，但是他对于航海事业做出了巨大的贡献。他投入大量资金用于航海事业的发展，努力培训航海人员，研究航海技术，这对于欧洲乃至整个世界的航海事业都起到了积极的作用。

《加塔兰地图》和《马可·波罗游记》的启示

很多欧洲的航海家都受到了《马可·波罗游记》和《加塔兰地图》的影响，亨利就是其中的一位。

亨利出生于 1396 年，而马可·波罗是 1324 年去世的，《马可·波罗游记》在亨利出生之前就已经成书并在当时的欧洲广为流传，激起了欧洲对东方世界的美好向往，对当时的航海家们起到了巨大的推动作用，很多航海家都是在读了《马可·波罗游记》之后才开始进行航海事业的。

亨利之所以对航海探险如此热爱，和《马可·波罗游记》也是分不开的。在亨利时期《马可·波罗游记》已经在欧洲广为流传，对于马可·波罗几乎无人不知、无人不晓。亨利进行航海探险在很大程度上也是受到《马可·波罗游记》的启发，使他对美好的国度充满向往，再加上他从小就受到父亲的影响，所以亨利才对航海探险如此痴迷。

亨利在萨格里什那段时期建立了一个旅行图书馆，并且还收集了当时很多的地图。其中值得一提的就是《加塔兰地图》。

《加塔兰地图》常用名为《1375年加泰罗尼亚地图》,《加塔兰地图》只是它的中文名。1375年，犹太的制图家贾·克雷斯奎父子在葡萄牙绘制了这张地图，《加塔兰地图》也成为当时欧洲最完备也是最为准确的世界海图。这张世界海图总共由12张羊皮纸组成，其中前四张羊皮纸上的内容是关于天文、地理和航海方面的图表，还有对很多航海数据的记录以及对航海事件的文字描述。如记录着日月、星辰、潮汐、历法是构成世界的四大元素以及世界各个大洲的划分等。另外八张羊皮纸上则绘制着世界地图。

　　亨利带领军队占领休达城，后来又派出航海探险船，顺着非洲的轮廓航行发现了很多群岛，这些都是与《加塔兰地图》分不开的。《加塔兰地图》为亨利的航行探险提供了更为准确的路线，让亨利有理可依。

著名旅行家马可·波罗

作为航海探险的最基本的工具，《加塔兰地图》对亨利的整个航海事业都起到了帮助的作用。

　　15世纪的葡萄牙能迅速成为海上霸主，和亨利对于航海贸易的发展是密不可分的，但同时，《加塔兰地图》对于亨利也是尤为重要的，所以说《加塔兰地图》对于整个葡萄牙的发展都起到了促进的作用。

　　直到现在，这张《加塔兰地图》仍然存在，它在现代人对于历史和地理的研究等方面都起到了重要的作用。

　　亨利在萨格里什改变了葡萄牙。《马可·波罗游记》让他航海探险的想法更加坚定，对他展开航海探险起到了鼓舞的作用。而《加塔兰地图》则进一步帮助了亨利实现航海探险的愿望，成为亨利航海探险的重要工具。《马可·波罗游记》和《加塔兰地图》的作用是毋庸置疑的，两者都大大丰富了欧洲人的地理知识，打破了很多宗教的谬论，同时也改变了传统的"天圆地方"的说法。《马可·波罗游记》和《加塔兰地图》为欧洲开辟了一个新的时代。

寻找金河留下的笑柄

1433 年，葡萄牙的国王若奥一世逝世，亨利的大哥杜阿尔特一世继位。这时的亨利也把主要的探险目标放在了沿非洲海岸南下的探险上，而这条航线为亨利带来了很大的麻烦，在这条航线上要过加那利群岛南部非洲大陆上的博哈尔角。

早在公元 1341 年左右，亨利之前的航海家就已经沿着非洲西海岸向南航行了大约 900 千米到达了博哈尔角。当时的水手们不敢再向南航行，于是偷偷地回到了欧洲，他们谎称遇到了很多恐怖的土著，这些土著还吃人，他们对外来人的到来很不欢迎。水手们还说在博哈

巨大的海浪

尔角附近探险船无法航行，因为海面上铺着一层厚厚的盐，船到那里连动都动不了。他们还扬言说，所有到达那里的基督教徒全身都会变为黑色，十分吓人。

博哈尔角对于当时欧洲人来说确实是一个未知的世界，那里的海浪可以达到数十米高，而且暗礁密布，水流十分湍急。据说博哈尔角的巨浪会泛起白色的浪花，看上去就像是一双双魔鬼的手，令水手们望而生畏。阿拉伯人把这片神秘的恐怖海域称之为"黑暗的绿色海洋"，在中世纪的阿拉伯地图上，在博哈尔角南部的海岸边甚至画着一只从水里伸出来的魔鬼撒旦的巨手。

亨利的探险船队曾在无意间来到这里，当时的船长恩尼斯看到巨浪滔滔，声音像打雷般响亮，让人胆怯，就连亨利手下经过严厉训练的水手看到后也觉得十分害怕。这些水手们虽然经验丰富，但是对于这样大的巨浪，他们也是头一次见。船长当然想经过这个恐怖的海域，去前面看一看是否有新的发现。但是他知道，如果就这样过去简直是自寻死路，所以宁愿回去挨打受骂，也不愿在此丢掉性命。于是，恩尼斯和船员开始返航，回去后他将这次所闻所见告诉了亨利。

虽然这次航行没有发现新的陆地，也没有找到金银珠宝，但是亨利知道了博哈尔角，他认为这可能就是通往美丽国度的必经之路。

在亨利的安排下，恩尼斯再次踏上了前往博哈尔角的航行。这次他们的准备要比之前充分，当他们再次到达博哈尔角后，前方海浪滔天，冲散的海水都漂到了船员的身上，船长下令全速驶向博哈尔角，可还没等航行到巨浪的附近，探险船就开始剧烈地摇晃起来，巨大的海浪卷着海水拍在船上，将船员们的身上都浇透了。船身开始在巨浪的带动下晃动得更加厉害了，恩尼斯不敢再向前航行了，因为条件如此恶劣，很有可能下一个巨浪就能掀翻探险船。于是恩尼斯再次下令让探险船撤了出来，这次又无功而返。但亨利一直没有放弃，亨利开始派人对博哈尔角附近的海浪进行记录，因为他知道总有一段时间内海浪会是最小的。在经过反复的考察后，1434 年，在经历十几次的失败后，亨利的探险队终于在船长吉尔·埃亚内斯的率领下越过了该角。亨利的船队也成为当时第一个穿过博哈尔角的船队。

亨利的船队虽然穿越了博哈尔角，但是却没有太多新的发现。埃亚内斯在 1435 年不仅第二次穿越了博哈尔角，而且在博哈尔角向南 100 海里的沙滩上发现了人和骆驼的足迹，证明了这一地区是有生命存在的。1436 年，他们还到达了一个叫尼奥·得·奥罗的地方，并且在那发现了金砂，他们以为这就是欧洲人一直在寻找的金河。其实这根本就不是一条河，只是一个小小的海湾，并没有太多的利用价值。

欧洲人一直都相信金河的存在，所以在当时很多探险家都开始寻找金河的足迹。亨利听说埃亚内斯发现了金砂后，便也开始派人寻找金河的下落，但是一无所获。

1441 年，亨利又开始了对非洲沿岸的探险并且发现了布朗角。在 1444 年，特里斯唐到达了布朗角的塞内加尔河附近，发现这里的植被茂盛，两岸郁郁葱葱，经过十几年的航行后，葡萄牙人终于发现了"绿色国家"。

1449 年，亨利王子开始组织大量航海人员勘察已被发现的大河，从而进一步去寻找传说中的金河。当年，亨利派出了大量探险船，他们不以发现陆地为目的，只为了寻找金河。当时传说，亨利的船队到达非洲冈比亚河的时候，发现当地的国家很是繁荣，而且每个人都很黑，便认为这就是传说中的金河，误认为就是这样的金河才使得这个国家如此繁荣。后来经过观察发现，这只不过是当地一条普通的河，并不是所谓的金河。

当时亨利的船队在这个国家得知，在大海的更远处还有更强大的王国。于是，亨利的探险船带着对金河的美好憧憬，再次驶向了宽广的海洋，向着海洋的更深处航行。亨利认为，他的探险队一定可以找到金河，这可以改变葡萄牙，让自己的国家更为强大。

亨利因为寻找金河而为后人留下了笑柄，但是我们并不能否认他对于葡萄牙航海事业的贡献，在他的带动下，葡萄牙才走上了航海这条道路。

千秋功过任后人评说

亨利王子对于后世的影响是巨大的，他不仅带动了葡萄牙航海事业的发展，对整个欧洲的航海事业也起到了带动作用。当然，在亨利航海的整个过程中，也做过很多急功近利的事情，影响了一些国家的发展。但对于亨利的总体评价，还是应该站在客观全面的立场上考虑，不能以偏概全，一概而论。

在国王若奥一世逝世后，亨利的大哥杜阿尔特一世继承了王位。在杜阿尔特统治时期，他把之前发现的马德拉群岛五分之一的税收金都作为了亨利的航海基金，这为亨利提供了不错的物质基础。

1438年，阿方索五世继位，新任国土更是对亨利的航海探险事业加大了扶持力度。国王把博哈尔角以南的航海和贸易垄断权都交给了亨利，并且还免除了亨利航海探险的一切税金。这为亨利的航海探险提供了巨大的资金保障，让亨利可以更自由地进行航海探险。葡萄牙本土的人民基本都信奉基督教，亨利更是基督教的虔诚信奉者。他曾经有个愿望，就是要把基督教传给更多的人。国王为了能让亨利更好地进行传教，还任命亨利为骑士团的团长，让他可以随意支配骑士团的经费。这也为亨利的航海探险事业提供了更多的保障，让亨利能有更多的资金推进航海探险的发展。

押运途中的黑奴

　　亨利在国王的积极支持下，开始了持久的航海探险。但是探险会
消耗大量的人力物力，如果不能带来更多的经济利益，肯定会影响国
内经济的发展。亨利早期的探险并没有带来多少利益，反而花费了国
家大量的资金。这时就有很多人开始对亨利的航海探险进行批评和讽
刺，认为这都是无用功，带不来任何的经济效益，反而会使人们穷困
潦倒，国家衰败。

1441 年，亨利重新开始进行非洲沿岸的探险。这一年亨利的探险队也创造了向南航行的新纪录，到达了布朗角。同年，亨利派出的另一支探险队带回来了十个俘虏，这标志着欧洲人开始卷入这场奴隶贸易之中。

亨利之前受到了不少的批判，让人质疑航海探险不能为国家带来利益。但是通过这件事后，他发现了可以平息批评的机会。于是，亨利在 1444 年组织了以掠夺奴隶为目的的航行。在那个时代，生产力很低，奴隶买卖是很常见的事情，尤以黑奴贩卖最为严重。亨利此次航行就到达了非洲，然后通过探险船把黑奴运到了葡萄牙。根据当时记载，亨利从非洲一次带回来 235 名奴隶，而这些奴隶中大部分是黑人。亨利把奴隶运回来后，在葡萄牙的拉古什郊外进行出售，这是罪恶的欧洲 400 年奴隶贸易的开始。从那以后，欧洲很多的国家为了发展生产力，开始大量买入奴隶，这给当时的非洲人带来了惨痛的灾难。他们通过船只把奴隶从非洲运到欧洲，很多奴隶在运送的途中就死去了。

此后，亨利组织的航海探险不再是单纯的探险了，而是探险、殖民、奴隶贸易相结合的罪恶行为了。这为当时的葡萄牙提供了巨大的生产力，使得国内的经济开始飞速发展。葡萄牙的王室开始为那些私人探险者颁发特许状，允许他们获得发现的一切，这对于整个王室来说，不需要投入资金就能获得回报。在当时还掀起了私人探险的热潮。

当时，每年都会有几十艘船只来往于非洲海岸。当然，私人探险并不是以探险为真正目的，而是主要以获利为目的。很多人开始去非洲占领地盘，抢夺非洲的黄金和象牙以及胡椒。当时的黄金价格最高，每个到达非洲的人第一件事就是想要去抢夺黄金，这给当时非洲的经济发展造成了严重的阻碍，使非洲人民的生活更加疾苦。

1460 年亨利王子病逝，标志着葡萄牙海上探险一个伟大时代的结束。

15 世纪上半叶，葡萄牙航海发现取得的成就震惊了整个欧洲，亨利就是葡萄牙航海探险的主要领导人，他虽然没有出过几次海，但是却组织和资助了葡萄牙早期的海上探险，也是他将殖民和探险结合起来，使得探险成为了一个可以获取利润的事业。他培养了一大批航海家，组建了当时一流的船队。可以说如果没有亨利，那么葡萄牙的发展将会滞后很多年，而且可能还会导致欧洲整体的发展滞后很多年。所以纵观历史，亨利的出现推动了整个欧洲的经济发展，对于整个世界都做出了巨大的贡献。

Part 5

迪亚士的航海之旅

迪亚士也是葡萄牙的航海家，因为发现"好望角"而被后人铭记。他的发现给后来通往印度的航线奠定了坚实的基础。他还打破了欧洲各国相对封闭的状态，使得欧洲各国开始与除欧洲以外的地方进行贸易往来，加速了各个国家的发展，为世界市场的形成创造了条件。迪亚士的航海探险对世界的整体进程都起到了推动的作用。

童年时代对航海故事着迷

迪亚士是继葡萄牙亨利亲王后的又一位伟大的航海家，因发现"好望角"而被人熟知，他对欧洲的航海事业做出了巨大的贡献。

迪亚士全名巴尔托洛梅乌·缪·迪亚士（Bartholmeu Dias，约1450年—1500年5月24日），是葡萄牙著名的航海家。在1488年探险至非洲最南端好望角的莫塞尔湾，为后来另一位葡萄牙探险家达·伽马开辟通往印度航线奠定了坚实的基础。

迪亚士出生在葡萄牙的一个王族世家，他的祖父名叫若昂·迪亚士，父亲名为迪尼什·迪亚士，祖父和父亲当时都是追随亨利王子的航海家，对于航海有着丰富的经验。迪亚士从小就受到祖父和父亲的熏陶，对于航海探险有着强烈的欲望。

迪亚士小的时候就常常听祖父和父亲讲述航海的故事，每次小迪亚士都听得入迷，并且总是提出一些奇怪的问题。比如：在海上有怪兽吗？海上有没有其他的国家？海的尽头在哪里？父亲感觉小迪亚士问的问题很奇怪，但是每次都耐心地给迪亚士讲解。遇到父亲不懂的，父亲就会说道："以后你自己去看看就知道了，大海还有很多没被人发现的秘密。"

小迪亚士对航海的故事很是着迷，有时在学校也经常向老师询问。

小迪亚士在葡萄牙里斯本当地一所学校内上课，他的老师名叫齐美南斯，是一位五十多岁的中年男人，齐美南斯从小就喜欢读《马可·波罗游记》，对书中讲到的东方世界很是向往，对于马可·波罗的旅行探险很是羡慕，也常常对学生们讲起有关马可·波罗的旅行故事。

大／航／海／家

Patrician

马可·波罗雕像

　　有一次，齐美南斯正在为学生们介绍航海家探险的故事，小迪亚士听得很认真，老师所讲的他都认真思考。在老师讲完后，小迪亚士举起小手问道："齐美南斯老师，天地到底有多大，我的奶奶曾告诉过我，天是圆的，地是方的，对吗？"齐美南斯迟疑了一下说："现在很多人都认同天圆地方这个说法，但还是有些人不认同，所以天地到底怎么回事，这个问题很难回答，我也说不清楚。"小迪亚士听后用胳膊在桌子上围成了一个圆圈，然后一边比画一边对老师说："您看，天圆地方是这样吗？现在我用胳膊围成了一个圆，这个圆就好比是天，而圆围成的桌子好比是大地，圆和方连接在一起，那么就应该存在四个角，这四个角在哪里？这是天圆地方的说法。那么假如这种说法不成立，那就是说，天地没有界线吗？"小迪亚士还想问问题，但是下课的铃声响了。齐美南斯老师把小迪亚士叫到身旁说："你问的问题很好，但是我却没有能力回答，别人可能也不知道问题的答案，所以解决问题的最好办法就是你自己，我年龄大了，不然我也会去那个角看一看的。"

　　第二天，齐美南斯看到小迪亚士，小迪亚士低着头，好像在思考着什么。齐美南斯走到小迪亚士跟前，好像明白了迪亚士的心思，对他说："你如果想要去航海探险，就去学习自然知识，学习造船，学习航海方面的知识吧。"迪亚士缓过神来，点了点头，然后目光转向了老师，问："航海探险最需要的应该是什么呢？是金钱吗？"老师对小迪亚士摇了摇头。"那是靠聪明吗？"小迪亚士问。老师再次摇了摇头。"那应该需要健壮的身体吗？"老师再次摇了摇头。"我知道了，应该靠运气。"齐美南斯老师冲着小迪亚士说："不，这些都是次要的。""那什么是最重要的呢？"小迪亚士着急地问道。齐美南斯老师目光坚定地看着小迪亚士，用力地挥动着手臂说："靠勇敢！航海家最为重要的是勇敢！"小迪亚士使劲地点点头。

小迪亚士为了能成为一名航海家还学会了游泳，为了使自己变得更为勇敢，他还和其他几个一般大的孩子在海边比赛较量，看谁游得快，游得远。一天，他们几个孩子来到海边，当天风浪比较大，不适合游泳。但其中一个叫托斯里的男孩主动提议要求下水游泳，其他几个孩子也答应了，只有迪亚士站在那里没有脱衣服。托斯里讽刺地对迪亚士说道："怎么了？害怕了？不敢就不要游了。"谁知迪亚士没有说话，而是马上脱下衣服，一个猛子扎到了水里。小伙伴们见状也都纷纷跳入水中，他们约定好以前方水中的标杆为终点，按照到达先后的顺序进行排名。当然，谁都不想当倒数第一。迪亚士最后取得了第三名。

迪亚士之前没有下水是因为他感冒了，所以不想下水，但是同伴这样刺激激怒了他，因为他知道，如果这点困难都克服不了，以后还当什么航海家。迪亚士觉得自己必须要勇敢，不能被困难打败。

迪亚士从那以后，便开始努力学习航海知识，并且在20岁的时候当上了水手，跟随一艘商船航行在地中海到里斯本之间，为他以后的航海打下了良好的基础。

第一次航海判断

在 15 世纪时，欧洲人并不知道非洲大陆最南端究竟在什么地方，为了弄清楚这点，很多探险船也都前去考察，但都没有什么结果。

1476 年，迪亚士已经 26 岁了。当时的迪亚士已经掌握了许多航海知识，并且跟随过很多船只进行过海上探险，有着丰富的航海经验。

这一年，他跟随南下的船队来到了非洲。这个船队总共由两艘大船和两艘小船组成。船队的领头人叫习必来尔，是亨利亲王的追随者，他在年轻的时候曾经在亨利亲王的手下做事，后来通过自己的努力，当上了船长，开始进行航海探险。习必来尔也常常向迪亚士讲起亨利亲王的航海故事，就像当年齐美南斯老师对迪亚士那样。习必来尔也

非洲西部的塞内加尔

常常向迪亚士问起这样那样的问题："地球真的是方形的？真的有所谓的边界，越过边界就会掉下去？那会掉到哪里？无底深渊？还是掉到另一个美丽的世界？"迪亚士思考了一下，然后摇摇头说道："我不太相信地球是方形的，但是我没有足够的证据。"习必来尔坐在船的甲板上，仰着头说："这次我们一定要越过非洲北岸，一直向南，看看到底有没有深渊，看看到底能不能掉下去。"

于是他们起航了，半个月后到达了塞内加尔一带。这里风大浪大，大风吹在船员们的脸上，让人有些睁不开眼睛。船上的补给也开始渐渐短缺，长期的海上航行让船上的船员变得沉默寡言，这种孤独寂寞的情绪开始蔓延至整个船。船员们个个都垂头丧气，郁郁寡言，脸上很难看到往日的笑容。习必来尔看到船员们个个都这样，生怕他们丧失信心，于是他想尽快找到陆地，让船员们能得以休息，或者让船员们看到希望，重拾起斗志。于是他派出了一艘由 7 人组成的小船，开始先行探路。将近一整天以后，小船回来了，而且还带来了令人振奋的消息。船上的船员说："在不远的前面，有一个开阔的河口，这个河口可能会通向遥远的地方，可能找到东方的大陆。"

习必来尔很高兴，他觉得顺水而行，向东行驶，就会穿过非洲，到达东方。船长把这件事告诉了迪亚士，迪亚士仔细思考了一下，然后对船长说："这条航线不会穿过非洲，我们也到不了东方。"迪亚士根据多年的经验和对航海知识的了解，认为这条航线只是太平洋上的一条支流航线，而这条航线上的海域很有可能只是非洲的内陆海域，并非贯穿非洲的东西方向。迪亚士对船长提出了异议，对船长进行了反驳。这使得习必来尔有些生气，他对迪亚士说道："你才多大年龄，我航海的时间比你的年龄还要大，不要在我面前班门弄斧。"说完转身便走了。迪亚士无奈地摇了摇头，自己终究不是船长，拗不过习必来尔，只能听天由命了。

第二天一大早，太阳还没有出来，天还是一片灰色，习必来尔就下达了起航进入河口的命令。两艘大船打头阵，后面两艘小船紧随其后，开始快速向河口驶去。船队沿着河岸向前行驶，刚入河口时，河水很湍急，随着船不断地行进，河面变得越来越开阔，水流也变得略为平缓。天慢慢亮了，两岸的树木丛林开始明朗起来。船长看到河岸两边有木屋，于是命令船减速行驶。天彻底亮了，太阳升起来了，两岸的木屋开始越来越清楚，偶尔还能看到一些黑色皮肤的人。正午的太阳高高地悬挂在天空中，不断散发着它的光和热。船员们在太阳的烘烤下，身上的汗止不住地往下流。于是习必来尔命令船靠近岸边行驶，这样两岸茂密的树林能够遮挡些太阳光，让船员们不至于那么热。

就这样从早到晚，船队连续行驶了五天。这五天里，船队也没有什么惊人的发现，始终也没走到河岸的尽头。第六天，船上的补给也都用得差不多了，所以习必来尔就想靠岸停一下，到陆地上补充些食物。在第六天的傍晚时分，船队停靠在了一处河湾边，船员陆续登岸，想要找些食物。突然，一位船员向其他的船员喊道："我闻到了香味！在南边！在南边！"同伴也都开始转向南边，用鼻子仔细地闻着。习必来尔也闻到了香气，他觉得这可能就是亚洲才有的花椒、桂花一样的东西。船长兴奋极了，于是他马上派人进行勘察。其他人留在船上不动，等待派出的船员回来。

天渐渐黑了，习必来尔派出的船员也都陆续回来了。他开始清点人数，发现少了3个人，也不知道到底发生了什么事。于是他下令所有人上岸进行寻找，一定要把船员找到。迪亚士也投入到了寻找队伍当中，他们10人一组，点起火把，开始呼唤船员的名字。夜已经深了，树林中发出不知名的动物叫声，还有虫鸣的声音，令人毛骨悚然。大约过去了十几分钟，迪亚士所在的一组发出了惊呼，其他人也连忙跑了过来。现场的情形惨不忍睹，在火光的映照下，他们看到一个很大很深的陷阱，陷阱中竖立着许多的木刺，3名船员跌落在陷阱中，早已没有了呼吸。

3人的死亡让整个船队的船员都丧失了斗志，失去了信心。习必来尔这才想起迪亚士的那些话，觉得迪亚士说得很有道理。这条航线确实不可能通过非洲，他十分后悔，是他的固执让船员失去了生命。

他们把死去的船员埋了起来，并找了些食物和淡水便离开了，船队沿着原来的航线原路返航，再一次回到了大西洋。

这次航海给了迪亚士很多的启发，他的判断也是正确的，但由于习必来尔不同意他的判断，所以导致意外的发生。迪亚士的航海判断准确，处理问题果断，慢慢地得到了很多航海家的认可，这也为他后来的航海探险积累了更多的经验。

绕过非洲去东方

迪亚士经历过很多次航海，对于航海探险已经有了丰富的经验；再加上自己刻苦学习，掌握了很多航海知识。于是他慢慢地开始对"天圆地方"这个说法产生了怀疑，他认为这个说法是不准确的。

迪亚士当时常常因为这个问题和别人吵得面红耳赤。很多持"天圆地方"观点的人都会去和迪亚士进行理论。有人曾经就问他："你认为地球没有边界，那就是说我们可以从边界掉下去吗？如果掉下去，会掉到什么地方？"迪亚士回答道："我哪知道掉到什么地方，应该是无底洞吧，可能会一直掉下去，谁知道呢，如果能一直往下掉，我倒是很乐意掉进无底洞。"听了迪亚士的话，向他询问的人都不知道说什么好了，结果不欢而散。

迪亚士知道自己只是通过经验和猜想才得出这样的结论的，他也没有任何根据说服别人。于是他决心推翻这个错误的结论，证实自己

大／航／海／家

Patrician

的说法是正确的。迪亚士开始设想绕过非洲，到达东方。

　　迪亚士向当时的国王提出了自己的想法，想要得到国王的认可和支持。当时的葡萄牙政府很希望开辟一条通往东方的航线，有了航线就可以通船，这样就有更多的殖民统治的机会，会给国家带来更多的利益。这些殖民统治者已经不满足于对非洲和美洲进行掠夺，早就想把魔爪伸向遥远的东方，只是一直没有这样的机会。迪亚士主动向政府提出了要寻找经非洲通往东方的航线，这迎合了当权者的心理，所以迪亚士的计划很快得到了批准。

　　1486年，迪亚士在葡萄牙政府的支持下建造了三艘船只。在迪亚士的监督下，船只建造的速度很快。船只建造完成后还进行了试航，结果还不错。船体的整体设计合理，而且行驶很平稳，速度也很快，

里斯本发现者纪念碑

唯一的缺点就是不能承受太大的风浪。

在此之前，迪亚士还听说有一位叫做哥伦布的意大利热那亚青年，曾向葡萄牙国王提出过向西的航行报告。哥伦布曾坚持了三年，他认为船队可以从非洲的西部出发，然后一直向西航行，穿过大西洋，同样可以到达东方。哥伦布认为，这样的航行路线最终一定能到达中国、印度和日本等地。迪亚士仔细研究了哥伦布的说法，他认为哥伦布的说法是正确的，横渡大西洋同样可以绕过非洲，到达东方。但迪亚士后来听说国王之所以没有同意哥伦布的想法，就是因为国王只对穿过非洲到达东方感兴趣，其他的航线国王并不认可。

迪亚士一方面对哥伦布的想法持赞同态度，他很赞赏哥伦布的胆识，但同时心里还是有些疑问。毕竟从非洲西部海岸向南的航线已经被很多人证实可以行得通，东方的位置也是很清楚的，《马可·波罗游记》中也记述了关于东方的位置。如果通过横穿大西洋向西行驶可以到达东方，那么沿着大西洋一直向西到底会是什么地方？这谁也不知道。所以对于哥伦布的想法迪亚士还是存在质疑的。

1487 年 7 月，在一个风和日丽的日子里，迪亚士从里斯本出发了。迪亚士的船队由两艘快船和一艘满载食物的货轮组成。在迪亚士的带领下，船队开始从里斯本向西航行，然后沿着非洲的海岸线，向南行驶。

在航行的途中，船队驶入了非洲大陆的西边海上突出处。这里风浪很大，迪亚士知道遇到了海上的浅水区，这里由于长期的风浪影响，导致海底的砂石沉降不均匀，在大风的作用下，海水拍打在浅水的石头上，激起十几米高的巨浪。迪亚士知道自己遇到了麻烦，但是船队现在进退都很困难，风浪已经使得船队无法动弹。其中的一艘船的船底触到了礁石，开始出现了漏水，情况十分危急。迪亚士当机立断，命令漏水船只扔掉重型物品，只保留简单的用具，然后开始全力抢修船底漏洞。在迪亚士的指挥下，船员迅速拿起工具进行修补，在三个多小时的修补后终于补好了漏洞，船只转危为安，船员也都欢呼起来。

船只漏水的问题虽然解决了，但是大风大浪并没有停止的迹象。迪亚士也不知道如何是好，风浪越来越大，船身开始剧烈地晃动起来，巨浪激起的浪花随着大风飘散到迪亚士和船员们的身上。迪亚士不愿意自己的第一次领船出航就终止于此。于是迪亚士开始设法掉转船头，走出这个海中浅滩。风浪越来越大，船身开始随着巨浪不断晃动。眼看随时都有被大浪冲翻的可能。于是迪亚士下达命令，降下船上的船帆，避免大风吹动船帆造成翻船的事故出现。船员们立即动手开始降落桅杆上的船帆，船果然不再那么剧烈地晃动了。迪亚士又安排船上的所有舵手拿起船桨，在船的四周通过船壁孔将船桨伸到水下，几个人一组，同时合力，进行摇桨航行。在迪亚士的指挥下，所有船员听从命令一同用力，最终使船队脱离了浅滩区，平安驶入了正常海域。桅杆上的船帆也再一次升了起来。

船队在海上一直向南航行，两个多月过去后，迪亚士的船队到了北纬五度附近。这里接近赤道，天气非常炎热。高温使人出汗过多导致水分流失过快，船员们对淡水的需求量比往常要大很多。这样一来，船上的淡水消耗就非常快，已经开始出现了短缺。迪亚士在拉各斯附近靠岸，给船上的淡水做了补充。他用铜铃铛、玻璃珠项链和当地的土著人换了些食物，继续南行。迪亚士越向前航行，就感觉气温越高，他从地理知识中了解到，地球上有一条最热的地带，这条地带上太阳总是在头顶，炙烤着大地。现在看样子他们已经到达这个地带了。

迪亚士的航行还在继续，他觉得无论遇到什么困难，都不能阻挡他向南航行的步伐。

迪亚士对船员的仁慈

在迪亚士沿着非洲海岸线向南的航行中，发生过很多故事。迪亚士是一位善良的人，同时他对他的船员也很仁慈。

在迪亚士的船队曾经过赤道附近，在穿过赤道的第九天，迪亚士所在船上的一名船员生病了。那位生病的船员名叫坦丹加斯，是一位年轻的小伙子。

一天夜里，船员们都因为白天的劳累而蒙头大睡，突然有人发出了难受刺耳的求救声。"救救我吧，快点救救我吧，我好难受。"船员坦丹加斯有气无力地叫喊着。最先听见求救声的是其同屋的船员阿里达尔，阿里达尔见此状况，连衣服都没来得及穿，就飞奔出去找迪亚士船长。阿里达尔知道坦丹加斯生病了，却不知道是什么病，这得赶紧报告船长。他跑到船长的休息室，迪亚士早就已经睡下了，阿里达尔猛烈地敲着门，希望迪亚士船长能快速把门打开。迪亚士睡得很熟，没听见敲门声，但是巨大的敲门声却把隔壁船室的船员都从梦中叫醒了。船员们大声嚷嚷着，不知道是谁大半夜的敲门，有很多人披着衣服走出来看看到底是怎么回事。船员们看到阿里达尔身上没穿衣服，正焦急地敲着门，并且边敲还边喊着。"迪亚士船长，迪亚士船长，你快醒醒，坦丹加斯船员不知道得了什么怪病，现在正等着我们去救他呢！"出来的船员听到阿里达尔的喊叫，也都明白了怎么回事。于是一同叫迪亚士，迪亚士终于从睡梦中醒了过来，听到巨大的敲门声和船员们的喊叫声让他还以为遇到了什么灾难呢。他连忙穿上衣服，迅速打开门询问究竟。在得知并没发生灾难的时候，才深深地出了一口气。

迪亚士命令其他船员都回去睡觉，自己带着医生和阿里达尔迅速赶到了坦丹加斯的船室，迪亚士大步走到坦丹加斯船员的床边，看到

大／航／海／家

Patrician

坦丹加斯正在胡言乱语，但是从言语中能依稀地听到"救我，快救救我"这样的词语。迪亚士向坦丹加斯询问道："怎么样，感觉哪里不舒服？"坦丹加斯指了指自己的头。迪亚士摸了摸坦丹加斯的头，很热，发烧了。迪亚士赶忙叫医生过来，医生用手摸着坦丹加斯的头皱起了眉头，把迪亚士拉到一边说："这个病很奇怪，像是正常生病而引发的高烧，但又像是疟疾，但我最担心的就是伤寒。"迪亚士听到伤寒两个字瞬间愣在了那里，因为他知道伤寒是一种流行性传染病，在当时别说是在大海上，就算在陆地上也基本没有治愈的可能。迪亚士摇着头说："不会是伤寒的，我们来之前身体都检查过了，如果真的是伤寒，那我们岂不是还没等战胜大自然，就已经被自己打败了啊！"迪亚士望着坦丹加斯，目光中带着祈祷，然后对医生说："不管怎么样，还是要全力治疗。"

炎热的非洲大陆

　　好几天过去了，坦丹加斯的体温不仅没有下降，反而比发病时还要高。船上的药品有限，况且当时的医生对这种病根本没有好的解决办法，只能靠简单的消炎药物进行治疗。坦丹加斯的头发开始脱落，身上还出现了红色的斑点，他骨瘦如柴，病痛每日的折磨，让坦丹加斯眼窝深陷，面色如灰。医生看到这种情况也确定了坦丹加斯得的就是伤寒病，只能无奈地摇摇头。迪亚士知道了坦丹加斯得的是伤寒病后，对于这个经历过大风大浪的航海船长来说，这个消息比任何风浪都要可怕。迪亚士有些不知所措了。迪亚士虽然不懂得医术，但是他知道伤寒病传染得厉害。迪亚士对医生说："医生，你是知道的，得了伤寒病，十人中有九个没了命。这种病传染率极高，况且几乎没有治愈的可能，如果这样下去，我们岂不是都完了吗！你想想，还有没有别的办法。""隔离！马上隔离！"医生马上说道。"我们的船舱这么小，人很密集，如何隔离？"迪亚士问道。

又过了两天，坦丹加斯的病情没有丝毫好转，迪亚士终于坐不住了，他把医生叫过来，对医生说："这样吧，明天靠岸我们找个地方，把坦丹加斯安顿在陆地上进行治疗，另外，我希望你能留下来陪他。"医生听到迪亚士说的话，眼中充满了惊恐，说："您的办法我能理解，道理我也都懂，可是把一个病人放在一个陌生的地方，无依无靠，您不觉得残忍吗？"迪亚士慢慢地说道："我已经够仁慈了，如果是别的船长，早就把坦丹加斯扔进海里了，这样的事我是经历过的。""那您为什么不把坦丹加斯扔进大海呢？"医生连忙问道。迪亚士无奈地说："如果咱们在汪洋的大海中无法快速靠岸，我想我也会像其他船长那样做的，我之所以没把他扔进海里，是因为我知道咱们还有可能靠岸，再加上坦丹加斯这么年轻，我确实不忍心那么做。"医生点了点头，对迪亚士的做法很赞同，说："我可以留下来陪他，但是他可能活，也可能死，假如我们两个都还活着，那以后怎么办？"迪亚士立即回答道："这个你大可放心，我们返航回来时，一定会去找你们的，只要你们还活着。"

次日，迪亚士船队开始寻找陆地进行停靠，但是找了整整一天，也没看到陆地，连个岛屿都没有。第三天，迪亚士和他的船队终于发现了一个小岛，这个岛上荒草丛生，一个人都没有。迪亚士命令船员为坦丹加斯和医生搭了一个简单的窝棚，然后又留下了充足的淡水和食物，在和医生细致地交代后，才和船队依依不舍地离开。

迪亚士对待船员可以说已经做到了仁至义尽。在当时那个年代，尤其是在茫茫无际的大海中，死人是很正常的事。在航海中，船员也很容易得病，只要生病就意味着死亡。因为船长知道，不能因为一个人而影响到整个航海计划，所以当时很多船长都会把生病的船员扔下船。这不是无情的恶行，只是时代不同，处理事情的方法不一样。但迪亚士并没有这么做，充分体现了迪亚士善良和仁慈的一面。

发现风暴角

迪亚士的船队继续向南航行，他们穿过了安哥拉和圣赫拿岛的海域。

整个大海好像变了一个人一样，开始发起怒来，狂风呼啸着把海水卷向天空，天地一片昏暗，几乎已经看不到蓝天。这里每天都风雨交加，海水不再是蓝色，而是令人害怕的深青色。迪亚士知道自己可能快到非洲的最南端了。但其实这里距离非洲最南端还有段距离。

迪亚士的船队在这片汪洋大海中就像是一片轻舟，随时都有被风浪掀翻的危险。船上的船员开始焦躁不安，他们觉得再往前航行就到了海洋的边界，恐怕自己会掉下去。而狂风大浪没有停止的迹象，迪亚士也觉得这片海域确实有些问题。船队开始缓慢前行，在巨浪中，他们不敢全速行驶了。就这样，迪亚士的船队在这片海域航行了三天。

第四天，海上的狂风更加猛烈了，翻起的巨浪有十几米高，迪亚士的船队开始失去了方向，就连指南针也失灵了。迪亚士命令船员不要慌乱，原地不动，等待风浪过去。这风浪足足在海上停留了三天三夜后才终于停止了。迪亚士不知道船队到了哪里，但是他们发现非洲的海岸线开始越来越模糊了。迪亚士觉得他们已经越过了非洲的最南端，于是命令船队全速向东前进，希望可以到达遥远的东方。在航行了几天后，迪亚士发现已经看不到海岸了，船员们这时都已经十分疲倦，整日的航行和前些日的大风已经让他们失去了向前的斗志，再加上船上的粮食和用品已经不多了，淡水也开始短缺。所以很多船员都

非洲西南端著名岬角好望角

强烈要求返航，迪亚士是想再往东行驶的，但是看到船员们都十分疲惫了，于是决定返航，向北驶去。

在返航的途中，他们又经过了那片令人畏惧的海域。海水和海水之前好像有一条缝，把两边的海水隔开，一边是蓝色，而一边则是深青色。迪亚士再次到达这里，心里还是有些恐惧，但是他还是想一探究竟。船队慢慢向前驶去，突然迪亚士看到了远处有黑色的东西，好像是一个岬角，但又说不清是什么东西。这时船员也都涌到船上，向迪亚士手指的方向望去，有人说："这是一个小岛屿吧。"还有人说："这可能是一个大海怪，或者巨大的石头什么的。"有人还说："这是非洲的边界，这个岬角的周围一定是一个巨大的黑洞。"迪亚士也丝毫没有听清楚船员们究竟在说些什么，总之他很激动，于是命令船队加速行驶，靠近那个岬角。

海上的巨浪越来越大了，海水冲击在船两侧的船板上，形成了十几米的巨浪，然后散落在每个人的身上。迪亚士扶着船上的铁杆，身似一尊铁像，目光坚毅望着远方。海水拍打在船上，激起的海水散落在迪亚士的身上，他身上已经湿透了，但迪亚士的双眼却没有离开过前方的岬角。

迪亚士手持佩剑，指挥船队向前。船员们在狂风呼啸中仍然可以听到迪亚士船长的吼叫声。船队越来越靠近，那个岬角也越来越清晰。随着船队的靠近，迪亚士感觉海上的巨浪越来越高，好像在对迪亚士进行挑衅。船员们紧握着桅杆，在迪亚士的指挥下，继续向前。海浪越来越大了，狂怒的海风发疯似的吼叫着，船员们虽然有过类似的经历，但是心中难免有些惧怕，只有迪亚士一人镇定自若，一往无前。

近了，这次真的近了，越接近那个岬角，迪亚士就越觉得它在向后退，好像那个岬角在和迪亚士赛跑。迪亚士终于追上了那个岬角，他和船员们开始欢呼起来，因为他们知道这就是非洲的最南端，而且他们还证明了非洲的最南端不是海洋的边界，他们也没有掉进深渊。

"风暴角，这里风暴盛行，我们就叫它风暴角吧。"迪亚士对船员们激动地说。他们发现了"风暴角"，开始全速返航，想要把这个惊人的发现报告给国王。在返航的途中他们还回到了当初将生病的船员和医生留下的那个岛屿上，也不知道坦丹加斯和医生怎么样了。迪亚士来到这个岛屿上，发现了那个窝棚，但是两人却不见了踪影，他找了一圈也没有找到，于是只好返航回国了。

又是三个多月的时间，迪亚士回到了开始起航的起点里斯本。他向国王若奥二世报告了整个航海过程，并且还绘制了这次的航海图，国王很是高兴。国王听到他们到达非洲的最南端"风暴角"的时候，高兴地跳了起来，然后转身对迪亚士说："不，它不叫风暴角，他应该叫好望角，我们可以从那里通往东方世界了。"

在 1497 年，迪亚士再次受命于国王曼纽儿一世，由迪亚士为船长的十几艘船开始前往巴西海岸进行殖民贸易。据说在 1500 年的 5 月 12 日，有船员在海上看到了彗星，认为将有灾难发生。无巧不成书，5 月 24 日，迪亚士船队在好望角附近的大洋中遇到了大西洋飓风，有四艘大船被飓风掀翻，迪亚士就在其中的一条船上，他的生命也停留在了这一天。

当年在航行过程中，迪亚士已经越过了好望角，并且到达了印度洋，但是迪亚士船队由于补给等问题并没有继续向前行驶，假如迪亚士当年再次向东行驶，那么他将是打开东西方贸易的第一人，但是历史拒绝假设，他把机会留给了别人。

迪亚士对葡萄牙乃至整个欧洲都作出了巨大的贡献，好望角的发现，使得欧洲人民开始通过此地进入了印度洋，为开辟印度洋通往东方国家的航线奠定了坚实的基础。同时为葡萄牙带来了更多的殖民地，加速了欧洲整体的贸易发展，对欧洲的经济发展起到了巨大的作用。

Part 6

哥伦布与新大陆

　　哥伦布因为发现美洲新大陆而被历史载入了史册。但是哥伦布其实并不是第一个发现美洲的人，只是他的发现让欧洲开始和美洲地区进行了更充分的接触。他开创了新大陆殖民的新纪元，使得欧洲人有了两个定居的大陆。但哥伦布进行海上探险，是以殖民者的身份对其他国家进行掠夺和占领的，这给很多国家带来了巨大的灾难。哥伦布的发现，也加速了印第安文明的毁灭。

赶上机遇

哥伦布全名克里斯托弗·哥伦布，1451 年出生在意大利的热那亚共和国，是著名的探险家、殖民者和航海家。

哥伦布的父亲叫多明尼科·哥伦布，母亲叫苏珊。1429 年，哥伦布的父亲在毛纺织厂当学徒，他工作认真，在 1439 年就已经成为厂中手艺最好的工人了。

1445 年，多明尼科和一个朋友的女儿苏珊结了婚，1451 年的秋天，哥伦布出生了。哥伦布有两个弟弟，分别是巴索和狄亚哥，他还有一个妹妹叫作碧安卡。

父亲每日的工作就是为羊毛染色，然后织成布匹，卖给需要的人。小时候的哥伦布是一位聪明的孩子。父亲那时已经把手里的工作交给哥伦布去做了，让哥伦布拿着染好的布料去各个地点销售。小哥伦布每次都会去热那亚的海湾，在那里他会听水手讲他们在海上航行的故事。小哥伦布总是听得入迷，常常忘记了推销自己的产品。小时候的哥伦布就梦想有一天能和水手们一样，坐在船上在大海中航行。因为他觉得这才有意义，整天卖这些布料实在是无聊。

当时的热那亚还是一个共和国，是地中海最为繁盛的贸易港口之一。港湾内的船舶大多用来贸易，这里船帆林立，船员众多，每天都很热闹。

出生在热那亚的孩子都会向往做一名水手，当然能当上船长是最好的。哥伦布每天都会带着布料来到港湾进行售卖，但他的目的不是卖布料，而是听那些有趣的航海故事。

父亲本来对于哥伦布的不用心很是生气，但是想到自己以前也曾有过的航海梦想，也就没有再去责怪哥伦布。

有一次，哥伦布又来到海湾向人售卖布料，无意间结识了巴洛尼，

大／航／海／家

Patrician

著名航海家哥伦布

巴洛尼为哥伦布讲了很多有关于马可·波罗的故事。哥伦布听得十分入迷，对美丽的东方世界很是向往。巴洛尼叔叔看哥伦布年纪不大，但却对航海充满着巨大的热情，于是就把马可·波罗的《东方见闻录》借给了哥伦布，哥伦布每天都捧在手里看。他回家的时候还把这件事告诉了父亲，父亲听后觉得很可笑，怎么可能会存在那样一个美丽的世界。但是哥伦布却坚信美丽的东方世界一定存在，并且在心中下定决心，将来一定要找到这个地方。

当时欧洲很多国家已经开始了海上贸易，并且开始对殖民地进行争夺，扩展领土是很多国家发展经济的首要基础。哥伦布也慢慢长大了，他对于航海的热爱丝毫未减。他每天除了工作外，就开始学习航海知识，对航海有了一定的认识。当时的热那亚海湾船舶众多，很多船都在招募临时水手，哥伦布一有时间，就会随同航船出海。虽然每次航行的距离都不远，但也给他带来了丰富的航海经验。因为哥伦布对于航行很热情，再加上对于航海有了一定的经验，所以当时的很多船长都愿意带着哥伦布航行。

随着航海次数的增多，哥伦布对于航海有了自己的认识。他认为在茫茫的大海中一定还存在着许多未知的世界，还有很多东西等待着人们去发现。

在1476年左右，当时哥伦布25岁了，他每天除了帮助父亲打理工作外，其他的时间都在海中度过，这时的哥伦布对航海探险已经有了很丰富的经验。

有一天哥伦布在家中吃完饭，他对父亲说："有一个运送货物的航海远行，我想去试试。"父亲有些恼怒说道："你这些天出海还不够频繁吗？家中工作这么忙，你就不能多帮助一下吗？"哥伦布说："这是一次难得的出海机会，我不想失去。"饭桌上所有人都沉默了，半天没人说话。这时哥伦布的弟弟巴索对父亲说："您就让他去吧，

大／航／海／家

Patrician

我们生活在热那亚，有几个人不热爱航海呢？况且哥哥出海也不是为了玩乐，而是为了能获取更多的财富。"父亲脸色平静下来，心想也确实这样，既然哥伦布已经有了自己的想法，就让他去实现吧。父亲随后说道："去吧，去吧，注意安全！"哥伦布高兴地跳了起来，连忙感谢父亲。父亲说道："不要谢我，这一切都是你自己选择的，全都靠你自己。"

哥伦布在次日就随同船队起航了，此次船队由一艘武装军舰、三艘大帆船和一艘小船共五艘船组成，小船的船长就是哥伦布。当时欧洲各国的关系很紧张，他们为了各自的利益对其他国家的船只进行掠夺，所以这次运送货物才需要护卫舰陪同。虽然航海对于哥伦布来说已经不是第一次了，但是他还是很担心船上的货物会被劫掠。哥伦布在心中默默祈祷希望不要遇上袭击。

哥伦布担心的事情还是发生了。1476 年 8 月 31 日，在船队快到达圣文森海角的时候，船队突然遭到一支葡法舰队的袭击。哥伦布沉着冷静，在船长的命令下决定还击。战斗十分激烈，一时间海上硝烟滚滚，炮火声如阵阵响雷，哥伦布船队的大帆船被对方击中，船上火光冲天，大火迅速包围了整艘船，船上的很多船员都被大火围困在船中间，只能被活活烧死。战斗整整持续了一整天，热那亚船队都被击沉了，幸运的是哥伦布并没有死，他紧紧抓住了一块木板，在海中漂流了一个晚上后到达了陆地，哥伦布也不知道这是什么地方。此时的他身心疲惫，已经有些神志不清。哥伦布看到岸上有人，于是勉强站起身向岸上的人进行询问，哥伦布得知自己已经到了葡萄牙的里斯本，这连他自己都不敢相信。

哥伦布到达了葡萄牙，他认为这是上帝的安排，他觉得这一切都是有目的的，既然自己没有死，还来到了葡萄牙，那么在葡萄牙一定会有一番作为。就这样哥伦布在葡萄牙开始了新的生活。

无意间的航行把哥伦布带到了葡萄牙，这是命中注定还是上帝冥冥中的安排，我们不得而知。我们只知道，葡萄牙成为了哥伦布通往新大陆的起航点。

觅知音结良缘

1476 年 25 岁的哥伦布很快适应了葡萄牙的生活。凭借着对航海的了解和丰富的航海经验，他很快就加入了一支航海船队，并且在船队中结识了新朋友。

这是一支规模很大的船队，起码哥伦布是这样认为的，这支船队准备计划到冰岛。哥伦布在船上当一名普通的水手，同时还负责协助船长进行工作。次日船队起航了，哥伦布不知道自己的人生会是怎样的，但是他相信一定不会平淡。闲暇之余，哥伦布来到船的甲板上，趴在栏杆上静静地看向远处蔚蓝的大海。

船上有一名副手名叫利兹，他精通航海知识。利兹从船室中走出来，他来到了甲板上后，看到新来的哥伦布正趴在栏杆上望向大海。利兹走向哥伦布问道："你在干什么？刚来就想家了吗？"哥伦布转过头，看见是利兹对他说话，他回答道："哪有，我喜欢大海，向往美丽的未知世界。"利兹看得出来，这个红头发大眼睛的年轻人对航海充满热爱。于是他从兜中掏出一个罗盘，给哥伦布进行介绍。哥伦布虽然有着丰富的航海知识，但对于这样的罗盘还是第一次见。哥伦布张大了眼睛，目光集中在那个小巧的罗盘上，然后向利兹问道："这是什么，快让我瞧瞧。"利兹回答道："这是最新的航海仪器，也是最新的航海罗盘，可以为我们提供航海的方向，让我们在大海中也能分清方向，不至于迷路。"哥伦布被利兹的航海仪器深深地吸引住了，他拿在手里，如获至宝。利兹又为他展示了航海图，为他讲解了如何

大／航／海／家

Patrician

航行途中所用的罗盘

通过地图来确定自己的大概位置。哥伦布很是兴奋，原来航海蕴含了这么多的知识。

在一次吃饭的时候，利兹为他讲述了冰岛人埃里克松的故事，这让哥伦布更加深信新世界的存在。利兹说大概在 500 年前，冰岛人埃里克松曾经到达了北美海岸，那里物产丰富，是一片新的大陆，但是他们遭到了当地土著人的袭击，所以没能在那里定居，返回了欧洲。如果他们占领了那片大陆，将会获得无穷无尽的财富。哥伦布听完利兹的描述后，更加坚定了自己的想法，那就是一定存在更多的新世界，存在很多的东西等待人们去发现。

1478 年，哥伦布 28 岁了，他已经有了多年的航海经验，并且也有了一笔可观的收入。哥伦布为人谦逊，举止大方，而且善于言谈，在与人交谈过程中表现得聪明、机敏。在葡萄牙里斯本，有一座著名的修道院，哥伦布也经常去那里做弥撒。一次偶然的机会，哥伦布在此遇到了莫尼斯小姐。莫尼斯出生在一个贵族的家庭中，她所在的家庭在葡萄牙有很高的社会地位，和上层王室有着密切的联系。莫尼斯的父亲还是一位出色的航海家，曾经发现了圣港岛，并且成为了该岛的总督。两人一见钟情并很快结了婚，哥伦布就这样住进了莫尼斯家宽大的宅院里。

哥伦布在此还通过岳父得到了很多海航书籍，这极大丰富了哥伦布的航海知识。在岳父的书房中，哥伦布看到了很多航海故事，接触到了很多航海地图。哥伦布常常想，他们都能发现新大陆，我也可以！

哥伦布通过岳父的关系，请来了很多天文家和地理学家，对通往东方的陆地进行了细致的测算。哥伦布经过计算和研究，得出了一个惊人的结论。他认为船队可以从非洲西部出发，然后一直向西，横渡大西洋，这样也可以到达东方。

在 15 世纪，欧洲各国对东方的了解都知之甚少，他们想尽各种办法想要到达东方世界。当时的路线被土耳其人霸占着，贸易也被他们垄断。欧洲人急需一条通往东方的商路。哥伦布仿佛看到了机会，他决定做这次海航探险的先行者。

但在当时想要完成如此巨大的航行计划，需要一笔很大的费用。靠哥伦布个人的力量是根本完不成的，当时能完成这项航海事业的也只有一个国家了。于是哥伦布开始寻求葡萄牙国王的帮助，希望能得到国王的支持。国王在得知此事后，召见了哥伦布。哥伦布在王宫内向国王说明了自己的计划。哥伦布认为可以一直向西航行，然后再转向南方，这样就可以通过南极到达东方。国王对他的想法感到新奇，问道："那这得需要很多资金吧？"哥伦布回答到："当然，但是我们可以发现更多的陆地，还会找到更多的金子和东方的香料。这一定要比您支持我的钱贵重得多。"国王有些迟疑说道："可是，我们正在筹划通过非洲到达东方的航线，没有那么多的资金。"哥伦布没有说话。国王又问道："假如我可以给你足够的资金，你成功以后需要多少报酬？"哥伦布对国王提出了很多报酬要求，其中包括要把所得分给他十分之一等。国王最终没有同意他的计划，原因就是国内资金不足、计划本身有纰漏、哥伦布要的报酬太高。

哥伦布没有得到葡萄牙国王的支持，很受打击。再加上他妻子的去世，让他觉得自己可能不适合在葡萄牙发展。于是在1484年冬天，哥伦布带着自己仅有五岁的儿子离开了里斯本。他一直往南走，然后在巴斯落越过国境，进入了西班牙。这时的哥伦布感到从未有过的失落，妻子的去世和他人的不认同，让他备受打击。

在葡萄牙，哥伦布虽然认识了很多朋友，但对于他的航海计划谁也帮不上忙。认识了妻子是他到葡萄牙最大的收获，而且通过他岳父，哥伦布了解到了更多的航海知识，这为他航海计划的实现奠定了基础。

新大陆大发现

1485年初，哥伦布到达了西班牙。他到达西班牙的第一件事，就是游走于贵族中，想要通过这样的方法来获取他们的支持，不然靠他自己无论如何也实现不了这样的计划。在向贵族们游说时，哥伦布遭到了他们的嘲笑，他们认为哥伦布就是个疯子，是一个江湖骗子。

后来他的计划得到了一位贵族的支持，并且让他能在西班牙大教堂中向所有专家陈述自己的观点。哥伦布在大教堂中提道，可以通过横渡大西洋来到达东方的中国和印度，在那里可以得到无穷尽的宝藏。哥伦布在演讲的途中被很多人质问和取笑，认为这个小小的船员简直就是一个疯子，他的计划简直就是一派胡言。

哥伦布的这次演讲没有取得想要的结果，但是不管怎么说，他的计划让很多人都认识了他。哥伦布一直没有放弃自己的计划，始终认为自己的计划是可行的。在那几年中，哥伦布还游走于英国、法国，但都没有得到支持，最后哥伦布再次回到了西班牙。

一直到 1492 年，哥伦布受到西班牙女王伊萨贝拉的召见。哥伦布兴奋极了，他知道机会来了。哥伦布来到西班牙王宫中，把自己的计划向国王和王后陈述。哥伦布讲的似乎很有道理，而且声情并茂，还对当时的时局进行了分析，国王和王后听了后很是赞同。但是当哥伦布提出巨大报酬的时候，国王还是不同意他的请求。但最后在女王伊萨贝拉的同意下，一切才进展顺利，哥伦布的要求也被接受了。哥伦布心情很激动，他知道自己多年的梦想很快就要实现了。

1492 年 4 月 17 日，西班牙王室和哥伦布签订了协议，哥伦布被正式任命为海军上将，此时的哥伦布已经 41 岁了。

但是在他招募水手的过程中出了些问题，很多人都惧怕向未知的地方航行，因为他们知道海上任何一个灾难，都会让他们葬身大海。所以当时没有几个人愿意随同哥伦布出海远航。西班牙国王想到了一个办法，他利用监狱中的囚犯来做水手，如果谁愿意随哥伦布前往，那么就可以获得自由。这样一来，就有一些人加入到了这次航行中，再加上哥伦布朋友的帮助，人手总算是够了。

1492 年 8 月 3 日，哥伦布的船队从西班牙帕斯洛港起航了，船队总共有三艘船，分别为"平塔"号、"圣玛利亚"号和"尼亚"号，整个船队不到 90 人，起航时并没有鲜花和礼炮，只有几个人送行。哥伦布站在船上，身披着铠甲，手拿着佩剑，望向远处的大海。哥伦布对这一天已经等待很久了，这一刻他觉得，一切都是值得的。他虽然还没有找到东方大陆，但此时此刻，哥伦布仿佛已经置身于遍地的黄金中，无比幸福。

哥伦布先是沿着非洲的西海岸向南行驶，一路上风平浪静，没遇到什么麻烦。他们很快就到达了加那利群岛，水手们很是兴奋，他们没想到这么快就到达了陆地。船队在这里停靠下来，水手们看到了碧绿的草地和美丽的鲜花，还有无数的房屋，一切都是那么的美丽。水手们上岸后，开始享受着美丽的生活。哥伦布看到水手们陶醉在了其中，就对水手们说道："这不是我们的目的地，这只是我们通往美丽国度的开始。我们要到达的地方要比这里美十万倍，我们还是快点起航吧！"于是在稍作休整后，哥伦布的船队再次向西驶去。哥伦布认为加那利群岛和日本在同一纬度上，只要向西行驶就会到达日本。

他们的船队航行了大约半个月也没有看到陆地的影子，船员们开始有些焦躁不安，有些船员开始思念家乡，每日祈祷着能早日发现大陆，然后返航和亲人们团聚。哥伦布看到船员们的状态后，担心船员们出事，于是在日记中写了两组航行数据，一种是真实的，而另一种是专门给船员们看的，比真实数据要小很多。但其实哥伦布的计算都是错误的，他的那组错误数据反而更接近实际。

船员们在看到航行数据后，心中得到了些许的安慰。但是随着时间的流逝，他们在既定的日子里仍然没有到达目的地。于是，很多水手开始变得很暴躁。开始对哥伦布的数据产生怀疑，觉得哥伦布欺骗了他们。终于有一天，水手们聚集在了一起，想要找哥伦布讨要一个说法，不然就把哥伦布扔到海里。哥伦布沉着冷静，没有被水手们吓倒。他站直身躯，对水手们说道："我知道你们的辛苦，也知道大家的焦躁和不安，同样，我和你们一样孤独，但这都是暂时的，请你们相信我，我保证再过几天就会发现陆地和黄金。再等 7 天，如果发现不了陆地，我们就返航。"水手们暂时得到了平息，哥伦布也决定朝西偏南方向航行。

果然，在 10 月 11 日，哥伦布在海上发现了一根树枝，他激动地叫了起来，因为他知道陆地离他们不远了。10 月 12 日凌晨，一名水

加那利群岛

手突然高喊起来"陆地！陆地！"等待多日的陆地终于出现了，船员们欢呼起来。即便是在凌晨，他们仍然可以看到长长的海岸线，看到陆地上茂密的树林和树林中的房屋。天渐渐亮了，哥伦布来到了这个岛上，哥伦布把这个岛命名为"圣萨尔瓦多"，即"救世主"的意思。船员们兴奋地登上陆地，看到岛上茂密的树林就在眼前。哥伦布则在上岸后第一时间，跪在了地上，感谢主，感谢神，让他们找到了陆地。很多水手看到哥伦布这样做，也都纷纷双膝跪地，不断感谢上帝。

登陆以后，哥伦布发现岛上的人自己从未见过，他们赤身裸体，身上涂着奇怪的颜色，让人觉得充满野性。他们皮肤黝黑，头发粗直，身体十分健壮。这些居民看到哥伦布一行人身穿盔甲，手拿武器，这令他们非常害怕。由于语言不通，哥伦布与他们无法交流。哥伦布自以为到达了印度，所以称他们为印度人。其实这片土地是他们发现的新大陆——拉丁美洲。从此开始，欧洲人便把所有的美洲人称之为印度人，也就是"印第安人"。印第安人的名字也由此而来。

哥伦布在通往东方的道路中，误打误撞发现了美洲大陆，他的发现让欧洲多了一个殖民的地方，欧洲就拥有了两个大陆，开创了欧洲大陆殖民的新纪元。这对整个欧洲的发展起到了推动作用，改变了整个世界的格局。

返航后与其他几次航行

哥伦布发现所谓的"印度"后，当地土著人的纯朴和善良给哥伦布和船员们留下了深刻的印象。哥伦布在短暂停留后，开始返航回国。

1493 年 1 月 16 日，哥伦布带着少许的黄金和一些香料等起航回国。在返航的途中，船队还经历了大风浪，哥伦布和船员沉着冷静，共同渡过了灾难，并在1493年3月15日成功返航，到达出发地帕斯洛港。

返航登陆时，港口聚集了很多人，彩旗飘飘，锣鼓喧天，礼炮齐鸣，众人欢呼，他们对哥伦布的成功返航表示欢迎，这让哥伦布有些不适应。之前起航出发的那天，无人相送，而现在成功返航却赢得了无数的欢呼。比无数次被冷落，航行中船员们的不理解在这一刻都不重要了。哥伦布无比自豪地站在船头，望向岸上的人们，这一瞬间，他竟然激动地流出了眼泪。哥伦布知道，现在他才是这个国家的功臣。

哥伦布一行人来到皇宫中，国王和王后起身迎接哥伦布，这是当时最高的礼节。哥伦布把带回来的黄金和香料等拿出来，国王和王后看见后非常高兴。这些黄金和香料虽然数量不多，但是足以让当时的人们兴奋。哥伦布还带回来了几名印第安人，国王看到他们的装束打扮后感到非常吃惊。哥伦布为了能继续航海故意欺骗王室说，这次航行准备得不够充分，如果国王能提供更多的资金和食物，他就能到达中国，到时候就有无数的黄金和香料。

哥伦布的成功返航在西班牙乃至欧洲都造成了不小的轰动，哥伦布也成为欧洲小有名气的航海人物。在西班牙王室的催促下，哥伦布在简单休整后，开始了第二次探险。

1493年9月25日，哥伦布带领着由17艘船组成的船队在加的斯港起航，此次探险人数达到了2000人左右，其中除了大量的船员外，还有很多的贵族人员及工匠、农民、医生等。此次航行准备充分，西班牙王室对这次探险给予了很大的希望。王室也交给了哥伦布任务，那就是对上次发现的地区进行殖民统治，传播基督教。

在这次航行途中，哥伦布在加勒比海发现了多米尼岛、瓜德罗普岛等，在瓜德罗普岛上他们还发现了加勒比人，哥伦布认为这里的人是食人族，就烧毁了他们的独木舟，并且抓了几名妇女和儿童。但是哥伦布并没有在此发现黄金和香料。

哥伦布来到了之前发现的陆地，想看一看现在是什么情况。在登陆后，他看到之前留下的船员都被当地的印第安人杀死了。原来留下来的船员因为手中有武器，面对善良的印第安人无恶不作，这激怒了当地的印第安人，他们开始反抗，所以杀死了所有船员。哥伦布见此情况，开始凭借着人多和武器的优势大规模屠杀印第安人，开始用武力征服他们。印第安人不是哥伦布的对手，面对手持长剑的西班牙人，很多印第安人死在了他们的剑下。9个月后，很多印第安人沦为奴隶，有些逃亡深山中。

印第安人

哥伦布第二次航行持续了5个月左右，其间发现了几十座小岛，另外还发现了牙买加。此次探险还是没有发现大量的黄金，哥伦布害怕回去后无法交差，所以带着上百的奴隶返回西班牙。在返航的途中，大量的奴隶在船上就死去了，被扔进了大海。回国后，王室对哥伦布的第二次探险不是很满意，因为他带回的奴隶所剩无几，所以王室对哥伦布的第三次航行没有给予太多的支持。

1498年5月30日，哥伦布进行了第三次探险。这次探险王室只为哥伦布提供了六艘帆船，而且由于第二次探险时很多船员因为战斗而死去，所以这次招募船员也遇到了很大的问题，他只带了300多名苦役就出发了。这次哥伦布认为他们应该穿过赤道，或许那边存在着大量的黄金和香料。7月份左右，哥伦布到达了赤道附近海域，这里天气无比炎热，船上的食物和淡水都变质腐坏，船员们苦不堪言。

哥伦布继续向南行驶，据说当时在船上的大副看到了一片陆地，但是哥伦布认为那只是之前发现过的小岛，所以没有过去，而这片陆地其实就是南美洲大陆，哥伦布就这样和新大陆失之交臂。常年的海上航行和年龄变大的原因，让哥伦布在探险中做出了很多错误的判断，致使他未曾发现黄金和香料。7月末，船队到达了南美洲北部的岛屿，他将其命名为"特立尼达"岛，这是欧洲人首次发现南美洲，但是哥伦布到临死时都认为他发现的是亚洲大陆。

哥伦布的第三次的航行仍未到达东方，而当时很多的航海家已经成功证实了西部陆地的存在，这让哥伦布很受打击，所以他决定进行第四次探险。

1502年5月11日，哥伦布率领四艘船和150人进行了第四次探险。此次探险目的是查明新大陆是否为亚洲大陆，另外寻找新大陆通往太平洋的水上航线。此时的哥伦布已经年老体弱，重病缠身，在航行中多次计算错误，导致仍未到达东方大陆。而且在这次探险中，哥伦布与印第安人发生了冲突，船只被毁，哥伦布不得不弃船上岸，并且在1504年回到西班牙。

此次他虽然带回来了黄金，但是西班牙王室对他一再不能兑现承诺开始厌烦了，所以返航时没有人去欢迎他，与第一次返航相比很是冷清。哥伦布觉得这就是自己的命运，他把一生都奉献给了航海事业，但得到的都是这样的结果。

在此后的几年中，哥伦布完全失去了年轻时的探险斗志，他的身体也越来越不好，病情持续恶化。1506年5月20日，哥伦布带着遗憾离开了人世，享年55岁。临终前，哥伦布都坚持认为他发现的大陆就是亚洲大陆。

哥伦布的几次探险航行为西班牙带来了更多的殖民地，促进了西班牙的经济发展。同时，哥伦布发现了新大陆，开辟了欧洲到美洲的航线，为后续欧洲和美洲的贸易奠定了基础。

功与过成就百态哥伦布

哥伦布发现新大陆对于整个世界的积极意义是毋庸置疑的，但是哥伦布为了殖民、为了掠夺黄金，采取的卑劣手段，也是哥伦布人生的污点。

在哥伦布的第三次航海中，也就是1498年，当他来到之前的殖民地时，发现印第安人和留守的船员发生了矛盾，哥伦布对印第安人进行了残忍的屠杀。当时王室给哥伦布下达的命令是让哥伦布和当地的印第安人和睦相处，并且要求哥伦布不可使用武力。但是哥伦布的一意孤行给印第安人带来了巨大的灾难。

印第安人虽然善良纯朴，但是当他们发现西班牙人并不友好，还肆意霸占自己的领土，抢夺他们的黄金时，印第安人开始奋起反抗。但是他们的反抗并没有对西班牙殖民者带来太大的影响，反而让殖民者拿起了手中的武器对印第安人进行屠杀。哥伦布虽然没有找到大量的黄金和香料，但是他却发现了印第安人，发现了奴隶，这同样为西班牙带来了巨大的收益。

从某种意义上说，哥伦布也是奴隶贸易的始作俑者之一，他身为航海家的同时更是一个万恶的殖民者。

另外，哥伦布的航海日记中还记录了一些野兽般的行为。哥伦布在登陆巴哈马群岛时，看到岛上的小姑娘很漂亮，就把她们买回来奖赏给船员。当时有一位姑娘因为提到哥伦布的卑微出身，被哥伦布扒去衣服，游街示众。哥伦布的暴行激怒了很多人，在他的殖民地管辖区域，有很多西班牙头目与之抗衡，以表示对哥伦布管理的不满。

当时在哥伦布的殖民地圣多明各，哥伦布手下很多西班牙殖民者都受不了他的管理方式，开始对哥伦布发起反抗。但是哥伦布从来没心慈手软过，对于这样的人，他都是采取绞刑的方式来解决。随着哥伦布管理的殖民地区的增多，很多人开始对哥伦布严重不满，这不光是印第安人的抱怨，还有很多西班牙人开始奋起反抗。西班牙国内也对哥伦布的残暴统治已经议论纷纷，都开始质疑哥伦布的管理能力，很多人开始联名告发哥伦布，在西班牙的街头常可以看到衣衫褴褛的人控诉着哥伦布的恶行。

哥伦布的"暴君"行为很快传到了王室耳中，国王和王后也对哥伦布的管理产生了怀疑，于是决定派出特使对哥伦布管理的殖民地进行考察。

多米尼加首都圣多明各

1499年，特使波巴迪拉在国王和王后的任命下，来到了哥伦布所在的圣多明各。国王对特使赋予了至高无上的权力，对一切的反抗者都可以进行逮捕。特使来到此地，看到了很多奴隶在拼命地工作，奴隶们赤裸着上身，在殖民者的皮鞭下艰难工作着。特使还看到有几个人挂在绞刑架上，很显然他们已经死去。特使特意来到他们跟前，发现绞刑架上的人是西班牙人，并非印第安人。他闭上眼睛，在胸前画着十字符号，为这些同胞默默祈祷。特使还在西班牙人中了解到，他们虽然是殖民者，但是生活却十分贫困，哥伦布每天对他们的食物都进行克扣，而且还私自独吞他们的薪金。有的人还说哥伦布不让印第安人皈依基督教，只是让他们无休止地工作，对于印第安人的生死不管不问，并且还对西班牙殖民者滥用刑罚。特使在西班牙人口中获取了哥伦布无数的罪状，于是特使将哥伦布戴上了手铐和脚镣，押送回西班牙。

哥伦布为了开拓殖民地，为了获取更多的黄金，屠杀了无数的印第安人，致使美洲原住民印第安人文明的毁灭。以上种种，都是哥伦布到来的消极影响。当然，哥伦布发现新大陆在历史上还是有重大意义的。

用发现这个词其实并不准确，美洲大陆一直以来都居住着印第安人，他们才是美洲大陆最原始的主人。哥伦布也不是第一个发现美洲大陆的欧洲人，早在他之前，就有不少人曾到达过美洲，如赖夫·艾力孙等，在历史上都有很详细的记载。但是他们并没有拉近美洲和欧洲之间的联系，而是哥伦布打开了这个局面，让美洲和欧洲开始积极地进行贸易往来，所以现在认为哥伦布对于此做出了巨大的贡献，把他到达美洲称之为"发现"。

15世纪的欧洲，由于海上贸易的往来，经济开始飞速发展，人口也剧增。哥伦布发现美洲让欧洲人拥有了两个殖民地来源，拥有了更多的生存环境。哥伦布发现的美洲让更多的欧洲国家开始走上了探寻新大陆的征程，为欧洲航海拉开了新的序幕。同时，哥伦布还带回来了很多蔬菜、水果，这让欧洲人大开眼界，丰富了餐桌上的食品，使欧洲人进入了新的饮食革命。

另外，哥伦布发现新大陆加快了世界前进的脚步，殖民地的掠夺和各种商品的流通，加速了世界整体化的进程，使得更多的国家开始走上海外贸易的道路。商品逐渐开始流通，各地先进的技术也得以传播，各地的文化开始交融，使得人类整体朝着更好的方向前进。

正是这些功与过，才成就了哥伦布的百态人生，才成就了一位举世无双的大航海家。

大／航／海／家

Patrician

Part 7

达·伽马在海上的探险

出生在葡萄牙的达·伽马，从小就受到父亲和哥哥的影响，对航海探险充满了热情。那时葡萄牙的亨利王子设立了航海学校，迪亚士发现了好望角，这些都给达·伽马留下了深刻的印象，他也立志要找到通往印度的航线，从东方大陆获取更多的黄金和香料。达·伽马成功到达了印度，为欧洲的海上贸易开辟了新航路，因此达·伽马也被后世铭记。

童年时期立志航海

达·伽马因从欧洲绕过好望角，到达印度而被历史铭记。

达·伽马全名瓦斯科·达·伽马，1469 年出生在葡萄牙的港口城市锡尼什。达·伽马从小就生活在一个名望显赫的贵族家庭中，他的父亲也是一位非常出色的航海探险家。达·伽马的父亲脾气暴躁，但很宠爱达·伽马。父亲曾经受命于国王若昂二世的派遣，从事过寻找通往东方大陆的航海活动，但是还没等到成功便去世了。达·伽马还有一个哥哥，名字叫做巴乌尔，巴乌尔也是一个从事航海探险的人，并且还是一名资深的船长，这些对于达·伽马后来的航海探险都起到了积极作用。

童年时代的达·伽马，是一位脾气暴躁、志向远大的孩子，他与其他小孩不同，相比于同龄的孩子他更为勇敢和坚定。早在 15 世纪早期，葡萄牙航海家亨利亲王就已经开设了航海学校，所以葡萄牙的航海事业比其他欧洲国家更为强盛，也更重视航海探险事业，国家对于航海探险也十分支持。对于出身于贵族的达·伽马来说，航海探险就像是一个伟大而又光荣的事业，它是无数人的梦想，同时也是葡萄牙人共同的梦想，身为一名葡萄牙勇士，应该努力学习航海知识，将来成就一番事业。

达·伽马小的时候，除了受到父亲和哥哥的影响外，自己对航海探险也有着强烈的兴趣。他主动提出要到亨利亲王建立的航海学校中学习，而且在父亲

葡萄牙航海家达·伽马

和哥哥的引导下，他在学校中表现十分出色。

　　有一次，在学校中学习有关航海知识的在课堂上，达·伽马竟然站了起来，然后指着同桌对老师说："迪奥他不可能成为航海家，他每天都不认真听讲，上课影响我的学习，所以我认为应该把他驱逐出去！"老师苏丽是一位30岁左右的女士，对于航海没有过多的实际经验，但是对于很多航海理论知识掌握得很好。苏丽老师对小达·伽马说："迪奥虽然不认真听讲，但我们也不能把他驱逐出去啊，每个人都有享受听课的权利，我们不能剥夺他的任何权利。"小达·伽马气得握紧了拳头，看着迪奥恶狠狠地说道："下次最好老实点，不然我会让你知道我的厉害。"迪奥无辜地望向达·伽马，无奈地摇了摇头。迪奥知道自己虽然不用心，但是也不至于像达·伽马说的那样，但迪奥知道达·伽马的家世背景，所以也不敢和达·伽马进行太多的争执。或许班级上的每个人，都习惯了达·伽马的这种霸道和逞强。

　　从小达·伽马的父亲就教导他说：我们是贵族，我们要比别人高一等，我们将来要进行的海上探险，也要比别人更厉害。达·伽马虽然为人冷酷，但是对于学习航海知识还是很用心的。在学校中，他每次都第一个站起来回答问题，并且回答时声音洪亮，生怕有人听不见他在说话。苏丽老师提出的问题，他每次都回答得不错，这让苏丽老师很是吃惊。一次，小达·伽马在课堂上向苏丽老师问道："老师，您身为一名女士，为什么可以掌握这么多的航海知识呢？你有丰富的航海探险经验吗？"苏丽老师被他这么一问，显然有点不知所措，她无法想象这是一个不到十岁的孩子提出的问题。苏丽老师思考片刻对小达·伽马说："老师当然没有参加过几次航海探险，但是老师读过很多书啊，对于航海一样充满热情，虽然不能当水手为国家尽力，但是也可以通过授课的方式来培养更多的航海人才啊，这也是在为国家做贡献啊！"小达·伽马在听到苏丽老师的解答后，觉得很有道理，但是他认为只有亲自去参加航海探险才是最有意义的，这才是为国家做贡献。

小达·伽马在苏丽老师的教育和父亲哥哥的引导下，很快就对航海有了一定的认识。当时达·伽马很喜欢读一本书，那就是马可·波罗的《东方见闻录》，他对书中所描述的东方等地很感兴趣，认为自己一定要到达那里，去外面看一看美丽的世界。那时的达·伽马刚10岁，就已经有了自己的航海计划，而且对于航海探险已经有了很多的了解，相比于其他同龄的孩子要成熟很多，他的航海知识甚至要比很多成年的水手掌握得更多。

达·伽马长大一些后，其国内的迪亚士成功发现了好望角，并且到达了印度洋，达·伽马认为一定可以通过这条航线通向美丽的印度，通向更多的东方国家。达·伽马的父亲此前就已经谋划到印度的航海路线，并且已经有过几次航行记录，但是始终都没有到达过印度。达·伽马的父亲还没来得及开辟通往印度的航线就去世了。他把这个任务交给了达·伽马，达·伽马便立志一定要开辟一条通向印度的航线。

当时的欧洲经济发展迅速，对黄金和更多货物的需求尤为迫切，而通过陆路的方式和东方国家进行贸易很困难，并且充满危险，所以他们急需找到一条海上通路，通过海运来完成与东方之间的贸易。1492年，哥伦布发现新大陆的消息震惊了整个欧洲，对于葡萄牙来说找到一条新的航线更是重中之重，这关系到葡萄牙的经济发展。

达·伽马那时20多岁，正是年轻力壮的时候，葡萄牙王室对于达·伽马开辟印度航线的计划给予了充分的信任，认为除了达·伽马没有更合适的人选了。同时，达·伽马的父亲也为开辟通往印度航线献出了自己的生命，达·伽马的航行探险被认为是继承父亲的遗愿。另外，达·伽马积累了大量的航海经验和航海知识，对于航海探险有着极高的了解。虽然达·伽马的性格暴躁，但其志向远大，而且勇敢坚定，这是航海家所必备的品质。

于是，达·伽马开始了他的航海探险之旅，并且成功开辟了通往印度的航线。

首次印度探险

1497 年 7 月 8 日，达·伽马开启了第一次航行征程。他在葡萄牙首都里斯本起航，率领船队向大海进发。船队总共由四艘船组成，两艘是载重量 100 吨左右的方梃船，一艘是载重量几十吨的三角快帆船，还有一艘为上百吨的货物船。整个船队总共 170 余人，在达·伽马的带领下，开始寻找通向印度的航道。

此次探险的准备工作很充分，货物船上提供的食物足以满足整个船队三年的需求。同时，达·伽马还携带了玻璃珠、帽子、铜铃铛等，可以作为交换品和其他国家商品进行交换。船上还装备了大量的武器弹药，以便可以应付更多的战斗。

达·伽马开始顺着迪亚士的航线进行航行，由于在已知的航线途中行驶，船队并没有遇到什么风浪，很顺利地在海上航行着。接下来，达·伽马做了一个出人意料的决定，他决定向西南方向行驶，远离非洲海岸。这就是与其他探险家不同的地方，他并没有遵循其他航海家的规则，而是特立独行地绕了一个弯，也正是因为绕了一个弯，才让他免受了不少灾难。

达·伽马因为命令船队向西南方向行驶，所以避开了非洲海岸的近海洋流和逆风，躲开了很多危险地带。之后当西风吹来的时候，他又借着西风向东南方向行驶，这样虽然航行时间长了些，但是避免了很多灾难的发生。不久后，他到达了圣赫勒拿湾，航期持续了93 天。

达·伽马船队在大西洋中划出了一道美丽的弧线，后人称之为"达·伽马航线"，这也成为了后来很多航海探险者的必经之路。

大西洋火山岛圣赫勒拿岛

达·伽马成功越过了好望角，并且沿着非洲西海岸向北驶去。在行驶的途中，船队到达了莫桑比克，看到这里的港湾停靠着很多帆船，达·伽马认为这里一定很繁华。这里的头目叫做谢赫，整个国家都信奉伊斯兰教，当谢赫发现达·伽马等人是基督教徒的时候，对他们并不欢迎，把达·伽马当做了仇人。达·伽马也不甘示弱，他用大炮轰击了他们的城堡，并且抢夺了当地人们的很多财富，然后船队继续向北驶去了。

1498 年 4 月 7 日，船队到达了"蒙巴萨"。这里同莫桑比克一样不欢迎西方国家，所以这里的头目和莫桑比克的谢赫联合起来，让达·伽马的船队迷失了航向，这为当时的达·伽马带来了很大的麻烦。达·伽马很愤怒，于是抓了当地的很多人，将他们作为出气的对象扔进了海里。

达·伽马继续向北航行，在途中他们还遇到了一艘阿拉伯商船，在达·伽马的指挥下，他们对这艘商船进行了攻击，并且抢夺了船上的财富，还俘获了船上的10多名阿拉伯人。4月14日，达·伽马船队在马林迪海湾靠岸登陆，这就是当年郑和到达的"麻林国"。马林迪国和蒙巴萨国是敌对状态，所以马林迪国王在听说达·伽马给了蒙巴萨狠狠教训的时候，对达·伽马进行了热情的接待，并且还在国内为达·伽马挑出了一位非常厉害的导航者，他就是阿拉伯著名航海家艾赫迈德·伊本·马德内德，也是当时著名的航海家。在此地稍做停留后，达·伽马就带领着船队离开了。

在马德内德的带领下，达·伽马船队开始一路向北，向着印度驶去。20多天后，他们到达了卡利卡特城，这也是郑和之前曾多次到达过的地方，那时叫"古里"。达·伽马知道自己已经到达印度了，因为卡利卡特就是印度半岛最大的港口，在这里，船员们看到了港口停靠着无数的帆船。登陆后，达·伽马看到街道上摆放着琳琅满目的商品，有各种各样的水果，还有各种珍奇的珠宝，同时还有来自中国的瓷器和丝绸。整个街道都是卖货物的，人来人往，一片极其繁华的景象。

负责接待的阿拉伯人对于达·伽马等人的到来感到十分震惊，不知道达·伽马他们要干什么。于是接待人询问道："你们不远万里，漂洋过海来到印度，是想干什么？"达伽马回答道："我们只是奉国王的命令，来此地寻找基督教徒和香料。"随后，阿拉伯人用当地的美食招待了他们。一位会说葡萄牙语的阿拉伯人还对他们表示了欢迎，这也让达·伽马和船员们很吃惊。

达·伽马还为卡利卡特国王准备了礼物，其中包括十几匹布、帽子、珊瑚项链、橄榄油等。在 5 月 28 日，达·伽马来到了国王的王宫中，国王懒散地躺在毯子上，他对达·伽马一行人并没有起身欢迎。国王对于达·伽马送来的礼品也很不屑，国王说道："你们带来的这些东西，可以糊弄一些土著人，但是这些东西对于我们国家来说，并不罕见。" 达·伽马最后也只能用铜和水银等换取了一些廉价的香料。

达·伽马在此地停留了一段时间，他觉得国王并不是那么好对付，于是决定返航回国。但是，国王却要求达·伽马缴纳关税，不然将扣留达·伽马船队的所有货物。达·伽马觉得事情不对，于是在暗中扣留了几名印度贵族，并且让船队远离了海港，避免受到攻击。最后国王不得不放他们走了。

8 月 29 日，达·伽马离开了卡利卡特，准备返回葡萄牙。在返航的途中，很多船员得上了一种怪病：船员们开始牙龈出血，并且牙床肿得很厉害，无法吃东西；很多人的手脚也开始出现了水肿，身上开始生疮。这让很多健壮的船员都变得十分虚弱，逐渐死去。

到 1499 年 9 月底，达·伽马船队终于抵达了葡萄牙的里斯本，船队起航时有 170 人，回来的只剩下 55 人。不过他们此次航行带回了丝绸、香料、象牙等，相当于投入资金的 60 倍。

达·伽马此次航行不仅开辟了通往印度的道路，还带回了很多财物，为葡萄牙的发展做出了巨大的贡献。同时，这也为整个欧洲和亚洲大陆开辟了新的航海道路，对整个欧洲的经济发展起到了促进作用。

开启第二次探险之旅

达·伽马首次探险回国后，带回了大量的财物，为葡萄牙带来了巨大的利润。达·伽马开辟了通往印度的航线，这意味着欧洲和亚洲的贸易正式开始。达·伽马在国内经过两年多的休整后，在国王的命令下开始了第二次航行探险。

1502 年 2 月，达·伽马船队再次从里斯本出发，与第一次不同的是，这次的船队由更多的战斗船舰组成，达·伽马的目的就是进行掠夺和殖民。

这次航行中，达·伽马仍然按照原来的航线进行航行，越过好望角之后到达印度洋。也正是在这片海域上，达·伽马开始了他惨无人道的掠夺。

在 10 月底，达·伽马船队来到了卡利卡特城附近，开始攻击卡利卡特城。他抓捕了很多印度渔民作为俘虏，而且达·伽马十分残忍地砍掉了渔民的手臂，并且把他们扔到岸边。同时，达·伽马还给卡利卡特国王写了一封信来恐吓他，让国王服从命令，不然将杀光他所有的子民。

卡利卡特国王也没有办法，因为连续几日的战斗，已经使整个卡利卡特城支离破碎，人们也流离失所，街道上也没有了繁华的景象，取而代之的是横尸遍野，残垣断壁。

马拉巴尔海岸

达·伽马还用了七艘大船封锁了卡利卡特城，让卡利卡特无法和外界进行交流，阻断了城中一切的补给。而这时，达·伽马开始派人到附近的柯钦、马拉巴尔去抢劫香料。达·伽马趁着卡利卡特城中正乱，对其他周边的地区进行肆意抢夺，而且不管谁阻拦，遭受的都是屠杀。在那段日子里，达·伽马对当地人们造成了巨大的伤害，使得无数人被无辜杀害，而达·伽马的贪婪之心好像还没有得到满足。

1503年，达·伽马带领着部分船队回到了葡萄牙，此次航行掠夺了大量的财物，返航的船只中装满了抢夺来的各种财物。达·伽马并没有将船只全部带回来，而是留下了五艘舰船，专门抢夺从红海驶入印度洋的船只，这五艘船只由达·伽马的舅父管理指挥。当时所有的过往船只都被达·伽马的舰队拦下，然后进行抢夺，此举致使由埃及商人、意大利商人长期控制的东西方贸易彻底瓦解。

达·伽马的第二次航行与其说是探险，还不如说是掠夺，他霸占了当时的印度海域，对很多过往船只都进行掠夺，而且还不放过船上的人员，这虽然为葡萄牙带来了巨大的利益，但是也为对印度等国家造成了严重的灾难。

殖民掠夺路上的坏血病

达·伽马先后进行了两次航海探险，两次都为葡萄牙带来了大量的金钱、珠宝和香料。同时，达·伽马的航海探险也为葡萄牙提供了更直接获取利益的方法，那就是抢夺和霸占。在15世纪初，葡萄牙已经开始对亚洲部分海域实行控制，并且还派出了欧洲的第一支海军，专门截获在此航行的货船和商船，葡萄牙队开始对亚丁湾实行了彻底掌控，拉开了葡萄牙殖民掠夺的序幕。

1509年，当时的葡萄牙已经不满足于现状，葡萄牙的第一位印度

大／航／海／家

Patrician

总督阿尔梅达开始指挥葡萄牙舰队对阿拉伯舰队发起攻击，在第乌海战中击溃了威尼斯支持的阿拉伯舰队。并且成功摧毁了阿拉伯舰队。

这时的葡萄牙已经开始疯狂向外进行扩张，并且在 1510 年再次任命达·伽马为航行探险船长，负责对印度地区进行殖民掠夺。在此次航海过程中，很多船员随同达·伽马前往，人数和规模比前两次探险人数还要多，但是目的却不尽相同。第一次可以说是航海探险，但是第二次探险的性质就已经变了，到了 1510 年，已经不是航海探险了，而是利用武力来征服印度人，用暴力的方式进行殖民掠夺。

这次航行途中，达·伽马带领船队占领了很多地点，但连续数日的海上航行，每天吃不到蔬菜和水果，也使得很多船员出现了之前类似的病症，船员们的牙龈开始出血，并且牙床开始肿胀，皮肤也开始出现血丝，很多船员甚至还出现了牙齿脱落和肌肉酸痛的现象。对此，达·伽马也不知道该怎么办，他开始有些害怕。他认为可能是由于船员本身的原因，因为他发现很多船员很懒惰，所以认为得这种病是因为船员的懒惰引起的，所以他经常让船员们多干活，但是船员们的病情并没有得到好转。

其实，这并不是他第一次遇到这样的情况。在第一次航行的时候，达·伽马就已经发现了这个问题，当时船上的很多人就是死于这种病。达·伽马没有找到好的解决办法，所以这件事没有对外说明，但是在海上航行的人都知道，得了此病之后如果不回来，很快就会死亡。哥伦布在航行的时候。也出现过这种情况，当时哥伦布还认为这既然是血的问题，那就应该放血。当时确实有很多船员放掉些血，然后把动物的血浇灌到自己的身上，认为这样可以治愈这种病，但是这其实并没有起到作用，反而加速了患病者的死亡。

哥伦布也惧怕这种传染病会影响到更多的人，所以在航行中，他将出现这种患病症状的船员放到小岛上，只留下很少的食物，任凭他

达·伽马在海上的探险

们自生自灭。但是后来哥伦布发现，很多被遗弃在孤岛上的船员并没有死，而是幸存了下来。幸存下来的船员说，他们吃光了船队留下来的食物，然后开始在岛上寻找吃的，他们用水果来充饥，连续几日后，他们的病症居然好了，而且再也没有出现过患病的症状。后来很多人就认为这是因为空气的问题，认为船上的空气不流通，造成了船员出现了这样的病症，小岛上空气新鲜，所以船员的病会好起来。

达·伽马没想到在海航过程中会遇到这样的问题，还没等到达印度，很多船员就死在了行进的道路中。当时的达·伽马认为这是一种传染病，而且认为这种病得上了就一定会死，所以当时在船上得病的船员几乎都被达·伽马扔进了海中。在这次征途中，达·伽马千算万算也没有想到自己的船队会因为船员患病而失败返回。

当时很多欧洲航海家都遇到过类似的病症，但是这种病被认为是不可治愈的传染病，并且一度令欧洲很多的航海家惧怕，提到这种病，就让很多航海探险家闻之色变。达·伽马在后来几次的远航中，又多次出现了这种病，大量船员在海上因为这种病而死去。其实当时很多船员的病症并不至于致死，但是达·伽马十分惧怕这种病，担心他们把整个船队传染，所以采取了很多极端手段，就是发现出现这种

新鲜蔬菜和水果

病症的船员就将其丢入大海，船员出现这种病症也就意味着死亡。

达·伽马在后来的海上征途中，自己也遇到了类似的问题，达·伽马也出现了牙龈出血的状况，并且身体无力，面色发白。他意识到自己是患了这种可怕的病症，所以命令船队赶紧靠岸，想要上岸找大夫接受治疗，但当时欧洲对于这种病没有过多的认识，只知道这是血液的问题，其他的一无所知。上岸以后，达·伽马发现这里是印度，并且这里盛产芒果和柠檬，达·伽马没有看到过这些水果，就想去尝一尝，据说当时达·伽马很喜欢吃印度的水果，以至于每天都要吃很多。慢慢的，达·伽马发现自己牙龈出血的问题没有了，而且整个人也不再乏力，他觉得太神奇了，他当时以为是印度特有的空气使他的病痊愈了。当时还没有意识到水果可以治愈这种病症。

直到18世纪，这种坏血病才得到了控制。1753年，苏格兰海军军医詹姆斯·林德发现此病与饮食有关，并在英格兰探险家詹姆斯·库克进一步引证下，发现饮用橘子汁、柠檬汁后，可治疗和预防坏血病。人们终于知道，原来苦苦折磨航海船员的疾病居然和水果有关。后来，人们在水果中提取到了维生素C，发现了这种可以治愈坏血病的维生素。

探险之旅的巨大影响

达·伽马的海上探险对欧洲乃至全世界都产生了极其深远的影响，为后续的航海事业奠定了坚实的基础。

在1502年的第二次航海中，达·伽马建立了自己的海上舰队，抢掠印度洋中路过的过往船只。达·伽马对待印度人心狠手辣，为了能够获取大量的金钱和香料，达·伽马不惜一切代价，用杀戮的方式解决一切问题。可以说达·伽马开辟通往印度的航线就是欧洲各国向东方印度等国掠夺的开端。

印度果阿邦

　　1510年，葡萄牙先后两次攻占印度西海岸的果阿，果阿是印度最为繁华富有的城镇，物产丰富，经济发达。1498年达·伽马船队就曾到达过这里，在看到此地如此美丽富饶后，就一心想要在此建立殖民地，试图垄断印度到欧洲的海上香料贸易。随后他便开始对果阿进行攻击，试图占领果阿。最后在葡萄牙舰队司令阿尔布克尔克的攻击下，果阿旧城沦陷，成为葡萄牙的殖民地。据史料记载当时屠杀了至少6000名平民，葡萄牙殖民者发疯似的屠杀着手无寸铁的无辜民众，其残忍程度令人发指。在占领果阿之后，葡萄牙还利用海岸的便利再次屯兵，不光将其发展成殖民地，还想要在此建立一个海军基地，这与葡萄牙在其他地区建立的殖民地是有所不同的。

　　1511年8月24日，马六甲被葡萄牙攻占，成为了葡萄牙人在东印度群岛殖民扩张的基地。马六甲当时的最后一位苏丹国王逃往内地避难，在陆地上先后对葡萄牙人进行攻击，在海上也不断骚扰葡萄牙船队，这让当时的葡萄牙吃尽了苦头。最后，葡萄牙派出了一支强大的舰队，对苏丹基地发起了全面反攻，彻底摧毁了苏丹的基地，苏丹和家人逃往了苏门答腊地区，两年后死在了那里。

达·伽马的航海探险为葡萄牙殖民掠夺打开了门路，让葡萄牙成为 16 世纪最为强大的海上大国。葡萄牙通过对殖民地的不断开拓，掌握了东方航海的钥匙，使其霸权地位持续了 90 年左右。

其实，葡萄牙的迪亚士发现好望角的时候，葡萄牙王室就曾一度封锁了可以通过好望角进入印度的消息。葡萄牙国王知道，当时欧洲各国都对通往东方印度等国十分感兴趣，为了能使自己的国家更为强大，葡萄牙开始秘密谋划通往印度的航线。葡萄牙为了向欧洲其他国家示威，还发动了第乌海战，在印度洋上打败了阿拉伯舰队，这使葡萄牙船队开始逐渐成为印度洋的霸主。

葡萄牙对这一切是早有准备的，除了航海探险家的功劳，葡萄牙也抓住了时机，并且果断采取了行动，这才让葡萄牙成为当时的海上霸主。达·伽马作为葡萄牙的一名航海家，之所以被后人铭记，是因为他开辟了通往印度的航线。从短期来看，达·伽马直接为葡萄牙带来了巨大的利益，印度航线开通后葡萄牙开始牢牢掌握着整个航线，占领了无数的殖民地，印度很多地区沦为葡萄牙的殖民地和半殖民地，这对于葡萄牙的发展起到了巨大的推动作用。

作为欧洲最靠西部的国家，葡萄牙从一个穷困不堪的小国，发展成了欧洲最为富有的国家之一，在如此短的时间里，葡萄牙的命运就有如此大的改变，这都是航海探险带来的力量，是开通航线、开拓殖民地带来的巨大好处。

从那以后，葡萄牙的首都里斯本成为了西欧海外贸易中心。很多欧洲国家开始从此地出发，与美洲和亚洲进行贸易往来。欧洲的商人、探险家、传教士开始从此地出发，前往东方掠夺金钱和香料。这条航线成为欧洲获取东方资源的主要航线，为资本主义帝国积累了大量的财富，为他们带来了巨大的利益，促进了欧洲各国的发展，但同时也削弱了东方经济的发展，给东方人们带来了巨大的灾难。

从长远来看，达·伽马开通印度航线不仅影响了欧洲地区，而且还影响了印度和东南亚。在此之前，印度是相对封闭的国家，在各个历史时期印度表现得都不活跃，基本上只和西北等地有交往。但是随着达·伽马航线的开通，印度开始受到欧洲的影响，开始和欧洲国家接触，这在一定程度上也为印度带来了通往世界各国的机会。随着欧洲人势力的不断扩大，印度很多地区开始沦为欧洲各国的殖民地，这对印度来说是一场灾难，因为长时间的占领意味着文化和经济的严重腐蚀，对印度整体来说其影响是极为消极的。直到19世纪印度才恢复了主权，这严重制约了印度的经济发展。

另外，达·伽马开辟通往印度的航线加速了欧洲整体的进程，使得亚洲、欧洲、美洲、非洲积极融合，各国的先进技术和很多新文化也开始互相传播，这对于世界的发展起到了重大的作用。

达·伽马在完成航行回国后，受到了葡萄牙国王的赏赐，并在1519年被封为伯爵。1524年，达·伽马被任命为印度的副王，并在同年的4月以印度总督的身份再次来到印度，他在9月到达果阿，不久之后便染上了疾病，12月份在印度柯钦去世。至此，达·伽马离开人世，但是葡萄牙的航海事业仍在继续，欧洲的殖民掠夺也才开始，达·伽马所做出的贡献也一直被后人铭记。

Part 8

麦哲伦与首次环球航行

　　首次证明地球是圆形的航海家是麦哲伦，他带领着船队完成了首次环球航行。他的贡献人所共知，但他的苦难经历却很少有人知道。麦哲伦为了实现自己的航行计划，四处讲说，受到无数人的嘲笑，但是他始终没有放弃对梦想的追求，最后在西班牙女王的帮助下，终于开启了人生最有价值的一段航程。

麦哲伦的青少年时期

麦哲伦因为从欧洲出发，完成了环球航行而被后人熟知，但是麦哲伦却客死他乡，为这次环球航海付出了自己的生命，但他的精神和对人类做出的贡献被后人永远铭记。

麦哲伦全名费迪南德·麦哲伦，出生在葡萄牙，也是历史上著名的探险家、航海家、殖民者。

麦哲伦在1480年春天出生在葡萄牙的波尔图，波尔图是葡萄牙北部面向大西洋的港口城市，麦哲伦的家庭属于当时的骑士家庭，而当时骑士是贵族中的最底层。他的父亲是一位勇敢的骑士，曾经在战场中立下过赫赫战功。麦哲伦受到父亲的影响，从小就很勇敢。

在麦哲伦7岁的时候，他的父亲把他扶到了马背上，麦哲伦不但没有害怕，还高兴地叫出声来，他学着父亲的样子，拍打着马背，想要奔跑起来。父亲看到麦哲伦这么勇敢，对他说："你就不害怕从马背上摔下来吗？"麦哲伦回答道："当然不会，我牢牢地抓着绳子，不会摔下来的，况且有父亲在我身边，我还有什么可害怕的呢？"父亲听完后高兴地笑着，他觉得麦哲伦将来一定会有作为。

麦哲伦很小的时候就喜欢探险，经常会跑到海边去玩，他站在岸边的礁石上，把一块块小石头扔向大海，平静的海面激起一层层涟漪。有时平静的海面也会发脾气，狂风吹袭着海水，把巨浪送到岸边的礁石，冲击起巨大的水花散落在空中。麦哲伦对此也从未感到害怕，他反而认为这是最有趣的事情。麦哲伦每次在和其他的小孩到海边玩耍时，都会冲在最前面，从来不会畏惧大风大浪，很多同龄的孩子对他十分尊重，认为麦哲伦是最勇敢的人。

在麦哲伦10岁的时候，他被父亲送进了王宫，在王宫中接受教育，后来有幸来到了王后身边，当了王后的侍童。当时正是葡萄牙航海事业最蓬勃发展的时期。

麦哲伦在皇宫中，每天都会听到航海的消息，整日受到海航探险的影响。麦哲伦生性勇敢，善于钻研，并且记忆力很好，王后和探险家谈话的内容他都能记住，很多航海知识都是他在别人的谈话中得知的。因为对航海知识有一定的了解，再加上麦哲伦的勇敢，很快皇宫中的大臣就注意到了他，并且认为应该让他接受正式的学习。

1496 年，16 岁的麦哲伦被编入航海事务所。在那里，麦哲伦学习到了更系统的航海知识，并且受到了更为专业的训练。麦哲伦很快就成长为一名技术娴熟的水手，开始参加很多航海探险活动，并且得到很多船长的认可。那时的葡萄牙已经开始向外扩张，进行殖民活动。

1505 年，麦哲伦加入了葡萄牙的远征航队，这只航队由第一任驻印度总督阿尔梅达率领，对印度等地进行探险活动。麦哲伦先后跟随着到达过非洲东部、马六甲等地，在这些地区，他们进行殖民活动。这段

完成首次环球航行的麦哲伦

时期，麦哲伦积累了丰富的航海经验，为麦哲伦后期的环球探险之路打下了基础。

麦哲伦曾经多次参加远征战争，在战斗中，麦哲伦表现得异常勇敢，曾经三次受重伤。在与阿拉伯人的殖民战争中，他表现得十分出色，并且赢得了战争的胜利。在返航回国的途中，意外发生了，麦哲伦所在的船只触礁了，虽然船员们极力修补，但是仍然没来得及，船只还是沉没了。幸好还有几艘小船，但是粮食和食物都不充足，他们只能航行到附近的小岛上。在小岛上，麦哲伦并没有放弃生的希望，他相

大／航／海／家

Patrician

信葡萄牙船队很快就会来就他们的，麦哲伦也鼓励船员，让他们不要放弃，就这样他们在小岛上度过了艰难的三天。被困的第四天，他们终于被葡萄牙船队找到，麦哲伦和船员们都获救了，上级在了解了这件事情后，将麦哲伦任命为船长，并且让他在军队中服役。

直到30多岁时，麦哲伦仍然在随同船队与其他国家进行殖民战斗。他在与摩洛哥的一次战斗中负伤，成为了瘸子。此时的麦哲伦仍然没有什么大作为，他想证明一下自己，不然以后可能都没机会了。

那时的麦哲伦就坚定地认为地球是圆的，而且很可能像皮球一样是一个球体。麦哲伦有了自己的想法，他准备进行一次环球航行。那时的麦哲伦看到葡萄牙探险家们通过航海探险获取了大量的财物，他也觉得应该实现自己的梦想，成就自己的事业，让所有人都能认识自己。

麦哲伦相对于葡萄牙其他的航海家来说可以说是大器晚成，青年时期他虽然也在进行航海探险事业，但是那时的他并没有自己的船队，经常是跟随其他的航海家南征北战，在船队中最多也就是辅助船长工作，一直没有自己带领船队航行的机会。但是麦哲伦坚持自己的梦想，他认为自己一定会在航海探险中发现更多的宝藏。他心中知道，想要探险不是一件容易的事，凭借自己的力量是不行的，还需要得到国家的支持，这样才能实现航海探险的梦想。

梦想在西班牙开花

1513 年，麦哲伦在跟随船队征战多年后，回到了家乡葡萄牙，开始准备环球航行计划。他首先找到了葡萄牙国王曼努埃尔，麦哲伦把自己的环球航行计划告诉了国王，希望得到国王的支持，但是此时的葡萄牙早已经开辟了通往东方的航线，国王不再需要其他航线了。国王拒绝了麦哲伦的请求，麦哲伦当时很受打击，很多人也都不理解他，这让麦哲伦陷入了沉思。

在接下来的几年中，麦哲伦寻找过很多人，想得到他们的支持，但是出海远行所需要的钱可不是一笔小费用，它需要大量的资金，当时很多人都没有能力去帮助他。但是麦哲伦没有放弃环球航行这个计划，他把这个计划进行了十分细致的安排，并且还在德国贝海姆的启发下，制作了一个地球仪。当时麦哲伦开始四处宣讲他的理论，想要通过这样的方法得到大家的认可，从而得到国王的同意。但是这并没有给麦哲伦带来实质性的改变，人们对他所说的环球航行并不感兴趣，葡萄牙人只对黄金、香料和殖民地感兴趣。当麦哲伦提出他所航行的途中也会有黄金、香料时，受到的却是冷冷的嘲讽。麦哲伦的朋友法力罗亦倒是很支持他，他是一位占星学家，计算出了香料群岛的位置，并且在麦哲伦环球计划过程中帮了他不少忙。但是，麦哲伦的计划仍然得不到国王的认可，国王认为当下最为重要的就是掠夺殖民地，获得更多的利益，而不再是发现更多的东西。

麦哲伦在葡萄牙受尽冷落后，开始向其他国家游说，试图得到其他国家的认可。1517 年秋天，麦哲伦来到了西班牙境内。麦哲伦开始在西班牙游说自己的环球计划，在这里他受到了很多人的重视。当时的西班牙也是欧洲的航海大国，但和葡萄牙比起来还差很多。葡萄牙是当时欧洲航海发展最好的国家，霸占着拉丁湾附近的海域。西班牙当然也想大力发展本国的航海事业，但是一直没有很好的机会。

在麦哲伦的游说下，很快西班牙的民众都知道了这件事，西班牙的国王也听说了麦哲伦这个人。1518 年 3 月 18 日，西班牙国王查理五世召见了麦哲伦。麦哲伦很激动，他觉得自己正在朝着梦想一步步走近。

麦哲伦对于西班牙国王的召见准备得很充分，他把自己制作的一个彩色地球仪献给了西班牙国王，并且向西班牙国王说出了自己的计划。麦哲伦高声地对西班牙国王说道："国王陛下，我今天就是要告诉你一个重要的消息，那就是我们可以通过向西航行到达东方的中国和印度。葡萄牙已经绕过非洲到达了东方世界，这您是知道的，但是我认为地球是圆的，就像我为您带来的这个地球仪一样，它是一个球体，所以我们不用绕过非洲到达东方，我们也可以通过向西一直航行到达印度和中国，这是其他国家还没做到的，所以我们如果先行一步，就能掌握住这条航线，这对于西班牙的发展是非常重要的。"国王查理五世在听到麦哲伦的这番话后，觉得很有道理，但他还是有些顾虑。

风光秀丽的西班牙王国

他对麦哲伦说："你说得非常好，但是对于大西洋一直向西的航行我们没有太多的经验，而且这是一条未知的航线，我们不知道那里究竟存在着什么，或许你们还没等到达东方就已经丧命在大海中了。况且现在的欧洲各国都在争夺殖民地，我国和葡萄牙相比，还是有差距的，你作为一名葡萄牙人，葡萄牙国王都拒绝了你，我恐怕也很难答应你的请求。"麦哲伦坚定不移地说："正因为我在葡萄牙受尽了无数的冷落和嘲笑，我才会想到来为国王您效力。对于航海经验问题，这您大可放心，航海对于我来说，就像是血液一样，在我的身体中流淌，我有信心穿过大西洋，到达美丽的东方。未知对于我们并不可怕，可怕的就是我们不敢去尝试，最初欧洲人不敢向非洲南段航行，认为地球是有边界的，认为海洋是有尽头的，但是无数的事实已经证明，这些理论都是错误的。所以开始有人走向大海的另一头，走向未知的世界，所以他们都成功了，都为自己的国家带回了数不清的财物。国王陛下，这就是敢于尝试的结果啊，我相信我一定能找到通往东方的另一条航线，让西班牙成为欧洲最大的航海国家。"麦哲伦自信的演说让西班牙国王有些动摇。国王对麦哲伦说道："好，我承认你自信的演说和充分的事实打动了我，所以我决定让你去试一试！"麦哲伦兴奋地跳了起来，对国王连声感谢。

其实，西班牙国王当时考虑到的是西班牙在和葡萄牙的海上竞争中处劣势，他想通过麦哲伦来试一试，如果真成功了，或许可以改变西班牙的命运。查理五世和麦哲伦签订了协约，并任命麦哲伦为此次航行的总督，而且授权给麦哲伦，发现的一切新地区都由麦哲伦直接管理。国王下令为麦哲伦提供船只、船员、粮食和武器。麦哲伦想不到自己会在西班牙实现自己的梦想。他也不敢想象，自己会在一夜之间成为西班牙的海军上将，拥有了自己的船队。

但是葡萄牙国王很快知道了这件事，他害怕麦哲伦这次航行会为西班牙带来好处，所以葡萄牙国王派人传播谣言，对麦哲伦进行诋毁。而且还派奸细打进了麦哲伦船队的内部，想要破坏麦哲伦的这次计划，伺机暗杀麦哲伦。

麦哲伦在葡萄牙没有实现自己的梦想，反而在西班牙找到了实现自己梦想的港湾。麦哲伦相信，想成功就不能放弃，这样才能实现自己的梦想。麦哲伦的遭遇和哥伦布有些相像，他们在葡萄牙都没有被任用，而都是在西班牙受到了支持，这不禁让人有些感叹！

正式起航，发现"太平洋"

1519 年 9 月 20 日，麦哲伦船队正式出发，此次船队共由五艘船组成，其中分别是"特立尼达"号、"圣安东尼"号、"维多利亚"号、"康赛普西翁"号和"圣地亚哥"号。此次随行的船员有 260 名左右，船上还配有火炮，船员都配有长剑，个别船员还带有火枪。船上装载了大量的食物，可以保证船队正常的航行。船上还装了很多货物，可以和其他国家进行交换。

船队起航后，麦哲伦开始沿着非洲海岸向西南方向行驶，船队逐渐驶离非洲海岸。麦哲伦船队开始靠近南美洲，在 12 月 13 日，船队到达了巴西海岸，并且在巴西的里约热内卢休整了 10 多天，然后开始沿着巴西海岸一直向南行驶，他们到达了乌拉圭，绕过了乌拉圭的圣玛丽亚角，这时麦哲伦发现了一条水道，他认为这应该是南美洲的尽头，穿过去就可以越过南美洲了。于是麦哲伦命令船队掉转船头，向这条水道驶去，两天过去后，水道越来越窄，而且还越来越浅，麦哲伦觉得走错了，于是决定原路返回，再次回到大西洋。

麦哲伦船队返回到了大西洋，开始继续沿着南美洲海岸向南航行。冬天如期而至，海上开始变得异常寒冷，船上的食物也开始出现短缺，而此时的麦哲伦船队还没有到达南美洲的尽头，刚刚进入南纬 40 度左右的地区。长期的海上航行加上天气的寒冷，使得船员们开始变得暴躁，而且经常因为粮食问题而大打出手。随行的四艘船中，有三艘船的船长开始密谋造反，准备杀死麦哲伦。麦哲伦知道大事不好，情况对自己很不利，于是麦哲伦假装投降，然后找机会杀死了叛乱的船长。叛乱的船员看到船长已经死去，于是开始主动向麦哲伦求情，希望麦哲伦不要杀了他们。麦哲伦为了顾全大局，饶恕了这些叛乱船员。此后这些船员开始听从麦哲伦的指挥，对麦哲伦更是十分敬畏。

　　在麦哲伦的合理安排下，船队顺利度过了寒冷的冬季。麦哲伦船队继续向西南方向行驶，这时麦哲伦又看到了一个海峡，但是他害怕又是淡水内陆河，所以就派两艘小船先行进行侦察。几天之后，小船回来了，证实了那不是内陆河，而是真正的海峡。麦哲伦船队开始在小船的带领下，朝着那个海峡驶去。

　　这个峡谷位于南美洲的最南端，位于火地岛、克拉伦斯岛、圣伊内斯岛之间，东西长度达到了580千米，东面连接着太平洋，西面连通着大西洋，是连通两个大洋的重要航道。

　　麦哲伦船队航行至此，后人把这个海峡称之为"麦哲伦海峡"。麦哲伦船队在此处遇到了很大的问题：这里小岛很多，而且礁石密布，浅滩也随处可见，而且有时还会突然刮起狂风，船队在此艰难前行。这时的船员都十分疲惫，连日的航行再加上食物的不充足，让船员们

浩瀚无边的大西洋

痛苦不堪。于是麦哲伦决定派出一艘船先行探路，打探前面海域的情况，而剩下的四艘船则停靠在岸边，等待派出小船的归来。谁知道派出的船只因为惧怕这个海峡，船上的船员们害怕命丧于此，所以连同船长偷偷地返回了西班牙。麦哲伦对此并不知情，他和剩下的四条船仍然在等待着派出船只的归来。几天过去后，麦哲伦觉得派出去的船只可能出现了事故，所以还专门寻找了 20 多天，但也没见到船只的踪影。

麦哲伦的船队就只剩下四艘船了，况且那艘偷偷回国的船还带走了船队大部分的食物，这让麦哲伦和船员们的航行道路变得更加艰难。但是麦哲伦丝毫没有动摇航行的决心，决定继续前行。

在麦哲伦和船员们的不懈努力下，他们终于穿过了这条可怕的海峡。1520 年 11 月 28 日，船队驶入到了一片浩瀚平静的海域，这片海域看起来十分广阔，看不到尽头，而且海面看起来异常的平静。麦哲伦这时兴奋不已，他对着船员们说："我们来到了一个未知的海域，这里的大海和其他的大海有些不同，这里平静极了，希望我们能尽快到达东方，回到我们的国家。"船员们在经历过麦哲伦海峡的波涛后，也都被眼前平静的海面迷住了，让他们感受到了什么是风浪过后的平静，感觉自己是如此的安全。船员们都在高声呐喊："这里简直太平静了，真是个太平之洋呀！"麦哲伦听后也觉得十分有道理，于是就对着船员们说："这里的海域这么太平，不如我们就叫它'太平洋'吧！"太平洋也因此得名。

当时麦哲伦对这片海域并没有足够的认识，不知道这片海域到底有多大，所以当时船上的食物和淡水都没有得到补充，这也成为世界航海史上一段非常痛苦的航海经历。

几个月过去了，但是船队并没有看到任何的陆地，麦哲伦船队一直在海中漂浮着。饥饿给船员们的生存带来了巨大的灾难。一位名叫皮加费拉的船员在日记中这样写道："在这段日子里，我们在大海中不知道航行了多久，船上的食物已经不够了，我们开始吃干面包，后来干面包只剩下面包屑，而且面包屑都生了虫子，但是我们别无选择。我们的淡水已经严重不足了，船舱内的水已经见底了，水开始发黄发臭，但是我们仍然争抢着去喝。就连盖在船上的牛皮，都被我们撕扯了下来，在海水中浸泡几天，烤着吃了。很多人还在吃锯末，以此来充饥。"

这段时间里，船上的很多船员开始出现牙床肿胀、牙龈出血的情况，这是坏血病，但是当时没有任何治疗的办法，所以在海上死去了很多人，剩下的船员继续航行。在经历 80 多天的航行后，麦哲伦船队到达了北太平洋马里亚纳群岛最南端的关岛，在这里船员们终于获救了，这里的蔬菜和水果让船员们的身体恢复了正常。

这是一段非常艰难的航程，麦哲伦凭借着不放弃的精神和勇敢果断的品质在海中不断前进着，更多未知的世界等待着他们去发现。

发现香料却客死他乡

麦哲伦船队在关岛短暂的停留后，开始继续向西驶去。

1521 年 3 月，船队到达了北马里亚纳群岛的附近岛屿。麦哲伦船队上岸后发现这里的人身材高大，皮肤黝黑，而且全身赤裸，带着棕榈叶编制的帽子。这里的居民很热情，为麦哲伦船队送来了粮食、水果和蔬菜，并且还欢迎他们到自己家中做客。这让麦哲伦和船员们有些受宠若惊，感觉这里的人非常友好。

这里的居民对麦哲伦和船员们身上穿的衣服很是好奇，他们对于麦哲伦的大帆船更是十分感兴趣，当地的居民趁着麦哲伦等人不注意，还偷偷到船上偷走了很多货物。船员们发现后，对那些居民叫喊，让他们放下货物，但是这些居民不听，偷走了这些货物。后来还抢走了船上系着的一艘小救生艇，这让麦哲伦很生气，他带人追上了他们，并且开枪打死了当地几名居民，还烧毁了很多居民的木屋和独木舟，然后便匆匆离开了。

1521 年 4 月，麦哲伦船队到达了菲律宾群岛，这是马来群岛的重要组成部分。

麦哲伦船队首先到达了一个无人居住的小岛，麦哲伦和船员们在这里补充了淡水和一些食物。而其他小岛上的人也都被西班牙人吸引过来，用椰子和一些水果换取了西班牙船队的帽子和玻璃珠子等。麦哲伦在此地休息了几天，有一天，麦哲伦看到了一艘小船向他们驶来，船上还坐着很多人。麦哲伦有一个叫做恩里克的奴仆，恩里克用手和前来的船只进行交流，在得知他们并没有恶意后，麦哲伦才让他们靠岸。上岸后，一行人和恩里克进行交流，在他们的交谈中，麦哲伦知道自己已经离香料国不远了，自己快要完成环球航行了。

后来附近岛上的一个头目还把麦哲伦带到了菲律宾群岛的宿务岛。麦哲伦来到此地后，对此地进行了勘察，发现这里盛产香料，麦哲伦决定一定要占领这个地方，让这里成为西班牙的殖民地，兑现对国王许下的承诺。

于是，麦哲伦和这个岛屿的首领亨马旁进行了谈判，麦哲伦愿意和该岛结为友好关系，但是宿务岛的人们要承认是西班牙国王的子民，并且接受基督教的洗礼。如果宿务岛接受这些，西班牙还会为宿务岛提供武器和士兵。宿务岛接受了，并且岛上的居民也都接受了基督教的洗礼。为了让宿务岛彻底臣服于西班牙王室，麦哲伦还进行了一次军事演练，让宿务岛的首领和人们看到了西班牙的实力。

当时附近很多的岛屿都知道了这件事，有个别的小岛决定归顺于西班牙，但是大多数的岛屿还是不肯接受洗礼，也不愿意成为西班牙的殖民地。其中就有一个名叫马克坦岛的岛屿，坚决不归顺西班牙，并且还做好了战斗准备。麦哲伦认为自己很没有面子，于是决定向该岛发起攻击。麦哲伦认为这样的小岛不需要太多的力量就可以把它解决，他带领着60人杀入马克坦岛。这是一场十分惨烈的战斗，虽然双方参战人数不多，但是却死伤惨重，麦哲伦也在此次战斗中付出了生命。

当天晚上麦哲伦就做了充足的准备，他安排了60个体格强壮的船员加入战斗，他们佩带火枪，手拿长刀。麦哲伦对这次战斗做了详细的部署，并且还对船员做了很多交代。船员们也都有信心占领马克坦岛。

大约在凌晨三点左右，麦哲伦率领船队突然登陆，并且用炮火轰炸马克坦岛首领的住处。马克坦岛的首领拉普拉普率领众人进行反抗，就好像马克坦岛的人事先有准备一样，一下子全都涌向西班牙人。他们展开了激烈的战斗，西班牙船员手持火枪，把一个个反抗的马克坦岛人杀死，但是马克坦岛人好像并没有被吓倒，反而变得更为生猛。拉普拉普全力反抗，他们手持木盾，逐

麦哲伦

渐向西班牙船员逼近，另外，马克坦岛人在前排木盾的保护下，开始朝着西班牙船员投掷带毒的木棍，这些木棍的一头十分锋利，在外力的借助下，可以很容易就穿透西班牙船员的身体。马克坦岛人还向西班牙船员投掷石头，漫天的石块和带毒木棍飞向船员，很多船员还没等冲向人群，就已经被石块砸倒在地。很多船员还被投掷的木棍刺中，躺在地上不断地呻吟，这时马克坦岛人抓住了机会，开始向船员发起猛烈反攻。麦哲伦身穿铠甲，冲在最前面，他手持长刀，腰间佩有短剑，

向马克坦岛人砍去，一个个马克坦岛人倒在了血泊中。但是麦哲伦很不幸被飞来的一支木棍刺中了腿部，木棍中的毒素让他没有了力气，他跪在地上，强忍着疼痛继续战斗，麦哲伦挥舞着大刀，不让马克坦岛人靠近。马克坦岛人认出了麦哲伦指挥官的身份，于是更多的马克坦岛人向麦哲伦冲过来，麦哲伦实在是没有力气了，手中的长刀也被打落了。在马克坦岛人的包围下，麦哲伦被乱刀砍死了。西班牙船员看到自己的船长被杀死后，溃不成军，四下逃窜，最终都死在了马克坦岛人的刀下。

当时已经承认降服西班牙的宿务岛人再得知麦哲伦战斗失败后也改变了态度，他们邀请船队剩余的军官吃饭，然后将他们全都杀死了。船队剩下的 115 人在得知情况后，烧掉了一艘船只，然后乘坐"维多利亚"号和"特立尼达"号慌忙离开了。

麦哲伦的生命终止在这片异国的土地上，据说后来麦哲伦的尸体都不知道是如何被处置的，那些马克坦岛人应该会把西班牙人的尸体扔进大海吧！

麦哲伦为自己野蛮的殖民行为付出了代价，他死的时候只有41岁。麦哲伦从对航海探险的向往，到参加远征战斗，再到后来的环球计划以及环球航行，他经历了千难万险，却在看到胜利曙光的时候死去了。但是他的伟大精神却一直被我们铭记，我们也无法否认他为整个世界做出的贡献。

首次完成环球航行及影响

麦哲伦虽然在战争中死去，但是他的同伴仍在航行。由开始的五艘船组成的船队现在只剩下"特立尼达"号和"维多利亚"号两艘船。他们侥幸存活了下来，驾驶着两艘船继续向西行驶。

卡诺成为了两艘船的指挥官，他带领着剩下的船员在群岛中摸索前行。卡诺船长显然没有麦哲伦船长的指挥能力，船队在航行的过程中出现了很多问题。船员们此时都已身心疲惫，只想尽快回国。1521年11月份，两艘船行驶到了马鲁古群岛，在这里卡诺和船员们登陆上岸，在这里补充了食物和淡水。在这里他们还发现了大量的香料，原来这里盛产香料，香料对当地人来说并不稀奇，因为多，价格十分便宜。卡诺带领着船员们用船上的玻璃珠和红帽子换取了大量的香料。他们在这里还摘取了大量的热带水果和蔬菜，装了满满的两艘船。

他们在此大约休整了一个多月，当卡诺船长准备率领船员们回国时，又出现问题了。由于长期的海上航行，再加上和敌人的几次战斗，"特立尼达"号的船底开始漏水，而且船帆也破烂不堪，根本无法再起航了。卡诺船长没想那么多，因为他只想早点回国领功受赏，所以他抛弃了"特立尼达"号并留下了一部分船员，率领着"维多利亚"号返程回国了。卡诺船长当时也怕遇见葡萄牙人，所以他只想尽快回国，不然船队随时有可能遭到葡萄牙人的劫掠。

常用调味植物香料

1522年7月，"维多利亚"号看见了非洲大陆，他们知道快回到自己的国家了，他们沿着非洲东部的海岸线向南行驶，到达了好望角。在这段航程中，船员只剩下35人。他们绕过了好望角，到达了非洲西海岸。当他们行驶至佛得角群岛时，遇到了葡萄牙船队，卡诺船长哄骗葡萄牙人说他们来自新大陆，并不是西班牙人，他们前来是为了拜见葡萄牙国王，并且还带来了香料。葡萄牙船队的指挥官很高兴，并且还给了卡诺很多食物。但是在与葡萄牙船员的交流中，一名西班牙船员不小心泄露了麦哲伦的故事，葡萄牙船队指挥官当机立断，想要扣留他们的船只，13名西班牙船员被扣留，卡诺没有管他的同伴趁乱逃脱了，他驾驶着"维多利亚"号扬帆而去。

1522 年 9 月 6 日，"维多利亚"号终于驶入了塞维利亚港，这时的帆船已经破烂不堪，能够顺利回来也算是奇迹了，而这时的船员只剩下 18 人。归来的船员将船上的香料售卖给西班牙人，在这里一小把香料就可以获取十几枚金币，他们获得了大量的金钱，成为了真正的富人。国王还赏赐给归来的船员大量金币，还向卡诺船长颁发了一枚勋章，上面刻着一个地球仪和一行文字：您是绕着地球航行的第一人！

可能这些赏赐和功勋都应该属于麦哲伦吧！从开始的 5 艘船队，到返航时只剩下"维多利亚"号，这是一次极为艰难的海上航行，麦哲伦为此还付出了生命。

首次环球航行也充分证明了"地球是圆的"这一假想，基本确定了地球的形状，"天圆地方"的说法终于被打破，人们开始对地球有了更为准确的认识。环球航行还基本确定了地球的大小，改变了当时人们的片面看法。环球航行也改变了人们认为地球上大部分是陆地，而只有少部分是海洋的看法。从而确立了地球上大部分是海洋的说法。

另外，麦哲伦的环球航行还到达了南美洲的最南部，发现了麦哲伦海峡，基本确定了南美洲的南北跨度。麦哲伦带领船队横渡了太平洋，这是人类史上首次横跨这片海域，这也是具有重大意义的，不仅大致确定了太平洋的大小，还基本确定了南美洲到非洲南部的距离。后来麦哲伦船队到达了亚洲大陆的东南边缘，到达了马来群岛和千岛群岛的附近，进而让后来人发现这并不是亚洲大陆，而是一块独立的大陆。

这次航行从西欧出发，向西横渡了大西洋，绕过了南美洲，横渡了太平洋，穿越了马来群岛，横渡了印度洋，绕过了非洲，回到了西欧。前后历时整整 3 年，行程 8 万千米，按皮加费培统计的 14460 里格乘以 5.56 千米，东西经过了 360 个经度，南达南纬 52 度，北抵北纬 43 度，航迹面积达 4.22 亿平方千米，这是人类历史上当时止航程最长、历时最久、航迹面积最广的航行，它把 15 世纪初以来的大航海时代推进到又一个崭新的阶段，即环球航行阶段。环球航行再次证明了不管是什么地方，都可以驾驶船只登陆，不管哪里的海洋，只要不封冻，就可以行驶。航海由简单片面的航行到了环球航行，由各大洲推广到了各大海洋，从短途的航行变为全球航海。

麦哲伦的贡献和其他的探险家也存在共同点，就是促进了世界的贸易发展，让整个世界开始积极融合，从单一的贸易往来变为全世界的贸易往来，拉近了全球人们的距离，加快了世界历史进程的脚步。

麦哲伦船队带领着船员在海上经历了无数的灾难，经受了狂风暴雨的考验，熬过了坏血病的折磨和饥饿的致命袭击。所以说，麦哲伦的环球航行不仅在航行的本身，这也是一种精神的发扬和传递，麦哲伦不抛弃、不放弃的精神永远被后人颂扬。

麦哲伦是一名航海家，作为一名指挥官，他的管理十分出色。可以这样认为，如果没有麦哲伦的智慧和果断的处理，船队或许早已葬身大海，也不可能完成环球航行，所以麦哲伦才被认为是环球航行的第一人，他才是真正拥抱地球的人。

Part 9

大航海家詹姆斯·库克

　　英国著名的航海家詹姆斯·库克,从一个名不见经传的见习学徒到一位人所共知的大航海家,这期间经历了无数的挫折和困难。库克船长的一生是充满传奇的一生,是他战胜了欧洲航海期间可怕的坏血病,是他开辟了通往夏威夷群岛的航线,让人类对外面的世界有了更多的认识。库克把自己的一生都献给了航海事业,他的事迹永远值得后人颂扬。

从见习学徒到皇家航海长

詹姆斯·库克，是英国著名的皇家海军军官、航海家、探险家和制图师，人称库克船长。他曾带领船员首次登陆澳洲东部，开辟了通往夏威夷群岛的航线，并且战胜了可怕的坏血病。

1728 年 10 月 27 日，库克出生在英国约克郡北部一个叫马顿的小村庄。库克是家中的第 9 个孩子，他的父亲与他同名，都叫詹姆斯·库克，是一位农场工人，库克的母亲名叫格雷丝·佩斯，来自约克郡蒂斯河畔索纳比。

在库克大约 7 岁的时候，他就开始帮助父亲在农场干农活，而且库克表现得很积极，农场主觉得库克很不错，这么小就做这些工作很可惜，想让他去读书学习。1736 年，在农场主的帮助下，库克进入当地的学校进行学习。

1741 年，库克完成学业，离开了学校。这时的父亲因为工作认真已被提升为农场主管，库克仍然在闲暇的时候帮助父亲干些农活。在休息的时候，库克会来到他的小木屋，后来被后人称之为"库克小屋"，很多历史学家也都认为库克曾经在此居住。

1745 年，16 岁的库克随家人搬到了渔村斯特尔兹，正是在这里，库克开始对航海产生了兴趣。在这个小渔村中，库克在威廉·桑德逊的杂货店中当店员，并且一干就是一年多，后来库克发觉这个工作并不适合他，于是决定换一个工作。在店长威廉·桑德逊的推荐下，库克结识了约翰·沃克和亨利·沃克两兄弟，这两兄弟是邻近港口惠特比有名的船主，两人主要从事煤炭的运输。在两人的帮助下，库克成功进入了船队，开始在船队中担任商船见习学徒。

库克对航海的最初认识就是从这里开始的。作为学徒的库克，每天跟随着商船往返于英格兰沿岸。每天，库克都跟随着有经验的老水

英国著名航海家詹姆斯·库克

手学习航行知识，从如何升帆到如何掌舵，库克每一个细节都会认真学习，并且遇到不懂的就会问船上的水手。库克的聪明机敏和勤奋好学让他在商船上很受大家的喜欢，船员们看他这般努力，也都愿意教给他航海知识。船上的水手也经常打趣地问他："你是上过学的孩子，为什么要来这里当水手呢？这里又脏又累，哪里有岸上舒服？"年轻的库克这时会说道："舒适和安逸当然好，但是一直生活在那样的环境中，人生还有什么意义呢？虽然我不知道我现在想要的是什么，但是我想去努力拼搏一下，或许我能够成功。"水手们听到库克这么说，也都赞赏地冲他点点头。

库克在此期间不仅懂得了航船操作，作为见习的一部分，他还学到了数学、几何学、天文等方面的知识。在学习时他总是很认真，很快库克就掌握了这些知识，并且在海上航行的过程中还得到了应用。库克现在已经知道自己想要的是什么了，他已经喜欢上水手这个职业，并且深深爱上了大海，他觉得自己的一生都会在海上度过。

三年的时间很快过去了，库克的见习学徒也期满了。他开始被派到波罗的海的商船中继续工作。在这里的工作期间，库克更是十分努力，他得到了船长的认可，船长建议他参加航海知识考试，以便于日后能有更好的发展。

1752 年，库克通过了航海知识考试，并在商船中屡获擢升，开始在商船中担任水手长。虽然升职了，但是库克没有满足于现状，这给他带来了更多的动力。库克每天的工作更认真了，工作中的每一个细节他都不放过，在商船中受到了船长和船员们的肯定。在同年的下半年，库克出任双桅横帆运煤船"友谊"号的大副。

在此后的两年中，库克积累了更多的海航经验，他虽然年轻，但是航海技术却十分老练。1755 年，英国准备发动七年战争，动员了大量水手和船员，这时的库克在"友谊"号商船中刚刚被晋升为船长。

库克放弃了商船船长的职位，投身于皇家海军。在同年的 6 月 7 日，库克在伦敦沃平正式加入了皇家海军，库克知道加入皇家海军可能要从头做起，但是他觉得在皇家海军中的晋升机会更多，而且还能为国家效力。

加入皇家海军之后，库克的才能开始展现出来，并且被上级发现，很快库克就在"HMS 鹰"号船舰中担任大副。在后来的几个月中，库克变得十分出色。在 10 月份，库克参加了一场与法国舰队的战争，他所在的舰队还击沉了法国的一艘船舰，捕获了很多法国俘虏。在这场战争后，库克得到了肯定，被任命为大副兼水手长。

1756 年 3 月，在"HMS 鹰"号的巡航期间，库克首次担任"HMS 鹰"号附属单桅帆船的船长，这也是他第一次临时执行指挥任务。

1757 年 6 月 29 日，库克参加了航海长考试，并且成功通过了考试，获取了驾驶英国船舰的资格。之后，他加入到了"HMS 索尔贝"号，在船上任航海长，辅助海军上校的工作。不久后，他又转到"HMS 彭布罗克"号担任航海长，在那里服役。

1758 年，当时正值七年战争，欧洲国家为了争夺殖民地发动了一系列的战争。库克当时参与了英国的海陆联合军事行动，在同法国的战争中成功夺取了路易斯堡，之后，他又参加了魁北克围城战役和亚伯拉罕平原战役。库克不仅懂得指挥作战，而且在绘图方面也颇有建树。在当年的围城战役中，库克就绘制了圣劳伦斯河河口大部分地区的地图，这给英国在陆地战突袭中掌握了先机，从而取得了胜利。

在七年战争结束后，库克还被邀请参加了海事地图的绘制，负责为纽芬兰岛海岸绘制地图。库克在春夏两季负责勘察地形，然后秋冬时节在船上绘制地图，为纽芬兰海岸绘制出了极为准确的地图。库克绘制的这些地图甚至成为了 200 年间船只经过此地的主要参考，一直到 20 世纪才被更为精准的地图所取代。

这段时期库克积累了大量的航海经验，而且在纽芬兰开始崭露头角，被很多人熟知，为他日后的航海事业打下了坚实的基础。

对金星凌日的考察

1767 年 11 月 15 日，库克返回英国。那个时候，很多科学家都被金星凌日的问题所困扰，这个问题如果能解决，那么就可以测算出地球和太阳之间的距离，这对于当时很多国家来说，都有重大的意义。当时英国认为在大洋中的南部地区可以观测到这种罕见的现象，所以准备派出船只进行考察。

当时英国决定派出著名的水文地理学家亚历山大·道尔林普出任这次航行的指挥，但是亚历山大提出要求授予他海军上校军衔，这个要求过高，所以就没有答应他。这时海军部决定选出一位出色的航海军官担任此次航海的指挥官，这个决定得到了支持，海军内部人员都推选了库克，最后选定库克为这次航海勘察的指挥官。

库克当时 40 岁，这还是他第一次指挥皇家海军军舰。当时的库克不仅对海上航行十分了解，而且他还懂得测量和绘图，再加上他的勇敢和果断，使得库克成为这次航海的最佳人选。当时很多皇家海军军官也都被选中，但是他们大多数出身贵族，受不了海上艰难的生活，只有库克出身卑微并且不怕吃苦，所以选择了他。

在进行了充分的准备后，"努力"号准备出发。这次航行一共有80 余位水手，并且船上还装配了大炮和鹰炮。随"努力"号一同去的还有很多人，包括天文专家、农业专家、植物专家、艺术家、画家、自然学家等。

1768 年 8 月 26 日，库克的考察队从英格兰的普利茅夫港口出发，开始向西航行，9 月 13 日，考察队到达了马德拉群岛，并在丰沙尔抛锚停靠，在这里他们补充了一些新鲜食物和淡水。这里的法国修女还向库克询问关于何时会下大雨之类的事情，但是无奈，虽然随船有天文地理学家，但是他们也不能给修女们一个满意的答案。

离开马德拉群岛后，库克的考察队开始继续航行，1769 年，库克经过南美洲南端合恩角进入了太平洋。在 4 月 13 日到达了大洋洲的大溪地，在这里库克停留了很长一段时间。在岛上他们发现这里的居民生活极为艰苦，居民身上不穿衣服，而且还没有武器，对于库克一行人并不感兴趣，而且他们也很善良，还为库克他们免费提供食物。在这里，库克同时还到访了周边很多岛屿，并且和岛上的居民相处得很好。在大溪地，库克发现这里的位置很好，便于观测金星。随后，库克等人就在此地架设了观测台，准备随时进行观测。6 月 3 日，

天文现象金星凌日

这天的天气很好，从早上开始就一直阳光明媚，并且天上没有一丝的云彩。此后的书刊《自然》对此次的观测进行了这样的记录：这天天气很好，适合观测金星，他们在上午 9 点左右便开始观测，当天的温度很高，达到了 40 多度，所以对观测者和仪器来说都是个很大的考验，并且这时观测的数据可能会有错误。直到下午 3 点多，观测才结束。

之后库克也说过，在用望远镜观测的时候，看见金星周围有一团雾气，这影响了金星和太阳相切的准确性，所以他们观测得并不是很成功。

之后，库克的考察船离开了这个地方，向西南方向行驶，在这里他们又发现了一些新的岛屿，并且立即宣布这里归英国所有。库克把这些岛屿称之为"社会群岛"。

1969 年 7 月 13 日，科学家终于结束了对金星的观测，库克开始继续新的任务，这是海军部在他临行前要给他下达的重要使命，那就是在南太平洋中寻找未知的南方大陆。"努力"号在 8 月 7 日从社会群岛出发，向西航行。在向西航行的过程中，他们在海上遭遇了风暴，库克不得不指挥"努力"号暂时向北航行，以躲避风暴的袭击。后来，风暴逐渐退去，库克开始指挥"努力"号继续向西航行，在 9 月末的几天里，他们经常可以看到海上漂流的木头和陆地上的草，并且在天上还发现了陆地上的鸟。种种迹象表明，他们离陆地不远了。

10 月 6 日，库克的考察队终于看到了陆地，随着船只的接近，这片陆地变得越来越开阔。当时所有人都以为这就是未知的南方大陆，但这其实仅仅是新西兰北岛的东海岸而已。

库克一行人登陆上岸，他们在这里发现了大量的土著人，但是这里的土著人显然对他们的到来并不欢迎，他们表现出焦躁和不安。但库克始终没有放弃和土著人和睦相处的念头，他想用自己携带的货物换一些食物和淡水，但是土著人好像没有明白库克的意思，并且还抢走了其中一个船员的佩剑。库克很气愤，他抓了几个土著人，并在 10 月 11 日早晨，离开了这个不幸的地方。

后来，他们又来到了许多其他的岛屿，并且命名了很多新发现的岛屿，如贫穷岛、丰盛岛、波特兰岛等。

1770 年，库克登上了一座小山，他很清楚地看到分隔开新西兰南岛和北岛的并不是海湾，而是海峡，于是他将这条海峡命名为库克海峡。

在后来考察的日子里，库克还多次和毛利人接触，一直到 1770 年 3 月 31 日，库克才离开新西兰，驾船向西航行。在海上航行了一段时间后，终于在 4 月 19 日到达了澳洲大陆东南海岸。库克发现这里森林茂密，而且动物也很多，他还发现这里的居民很警觉，他们看到英国人后，马上躲藏起来。在海岸边的考察中，随库克前来的植物学家发现了很多不知名的植物，而且还把那里命名为"植物学湾"。之后，他们离开这个地方，继续航行。

在这片海岸上，库克一直对岸边的动植物进行考察，但是这里暗礁密布，在这里"努力"号遇到了危险，当船行驶至海岸边时，突然搁浅了，被浅滩困在了岸上，而且船底被礁石夹住了，整个船无法再移动。在礁石的作用下，船底也开始漏水，礁石对于船底的压力越来越大，船舱内的水也越积越多。库克命令全体船员开始向外排水，但是水手们都累坏了，也排不尽船舱中的水。这时库克想到了一个好办法，他把辅助船帆降了下来，然后开始在上面铺上羊毛和动物的内脏等，用这个堵在了船底的漏洞上，船底漏水的问题很快就解决了。之后在所有船员的共同努力下，把船从礁石中弄了出来。库克把船行驶到了岸边，进行修理。

8月末，"努力"号驶过了珊瑚海和托雷斯海峡。1771年末，库克考察船回到了英国。因为疟疾和坏血病，这次航行也死了不少人。但是，库克还是完成了对大洋洲的考察，并且开拓了很多地方，为英国做出了巨大的贡献。

南太平洋的见闻

在库克第一次返回英国后，他的事迹就广为流传，之后他被授予了海军中校的军衔。1772年，他再次受到皇家海军的委托，准备进行第二次航海考察，继续探索"未知的南方大陆"。

在第一次的探索中，库克已经发现了新西兰，但是库克知道那只是太平洋中的一片陆地，并不是传说中的南方大陆。当时的人们都相信这片大陆的存在，当然库克同样认为未知的南方大陆是存在的，所以带着对未知的探索精神，准备再次出发，去找寻未知的南方大陆。

当时的英国政府对第二次航行很有信心，大力支持了库克的这次考察，他们决定购买两艘新船，更好地满足库克这次航行的需要，就这样两艘新船加入到了这次航行中，大一点的名为"决心"号，排水量达到了450多吨，而小一点取名为"探险"号，排水量也有330吨左右。而库克被任命为"决心"号的指挥官，曾担任过他副手的托巴斯被任命为"探险"号的指挥官。这次的准备比第一次更为充分，每艘船都储存了大量的食物和生活用品。除此之外，还带了很多甘蓝和蔬菜。

行驶在南太平洋

另外，两艘大船上还配备有小艇，便于在紧急情况下的逃生。随船共同前往的还有很多动植物学家、天文学家和地质学家。可以说，为了第二次航行库克做了十分充足的准备，他也很有信心，觉得一定能找到未知的南方大陆。

1772年7月13日，两艘船仍旧从普利茅斯港出发。7月29日，他们来到了马德拉岛的丰沙尔，在这里船队发现淡水不够，于是又转向佛得角群岛，在那里驻留了几天。

两艘船继续向南航行，一直到10月份，库克船上的船员没有一个人生病。12月10日，这天天空中雨雪交加，十分寒冷，船队缓慢行进，突然，一座巨大的冰山出现在他们的眼前，这是船上所有人都没有见过的巨大冰山，船员们好奇极了。库克船长不由得感叹道："如果我们的船只和它相撞，那很快就会沉入海底。"他们兴奋之余，更多的还是恐惧。这时海面突然出现了大雾，大雾让两艘船看不清前方的水面情况，情况十分糟糕。他们只能再次减慢船速，慢慢向前移动。

在12月24日，船只遇到了一片广阔的冰原，船队只能沿着边缘慢慢前进，大雾仍然没有消退，库克派出了一只小艇去前方探路，但是由于浓雾太大，以至于看不见小艇在哪儿，两艘大船和小艇失联了，库克决定开炮示意，让小船知道他们所在的位置。后来浓雾渐渐散去，在经历了几个小时之后，小船和他们终于相遇了。

当时的天气十分寒冷，很多船员已经出现了坏血病的前兆，库克船长果断应对，给他们喝下了事先带来的柠檬水，患病船员很快就恢复正常了。

12月29日，库克指挥船只不断航行，他感觉到这片冰原并没有和陆地相连，所以决定继续向南航行。在航行的过程中，他们又遇到了大片的冰原，而且船只无法再次航行，这让库克觉得这样的航行或许并不会找到南方大陆，所以库克决定向北行驶。在此之前，"决心"号和"探险"号在一次大雾中走散了，现在只剩下"决心"号在孤零零地航行。

在1773年3月25日，库克再次到达了新西兰，并且在这里看到了新的土著人。在这里，他们和土著人相处得很好，并且还教土著人去耕种，还为土著人带去了鹅、山羊等家禽。

在这里停留了一段时间后，库克决定和"探险"号会和，因为他们之前约定好了，如果出现走散的情况，就会在第一次的库克海峡会和。库克到达这里后发现了"探险"号。两艘船开始继续航行，库克船长觉得应该分开航行，所以他嘱咐托巴斯船长在南纬41度～46度到西经140度之间航行，假如没有发现大陆，就到塔希提（大溪地）会和。

之后，在7月末，两艘船都到达了南太平洋的塔希提，在塔希提岛上，库克拜访了这里的国王，并且还为这里的居民提供了很多家禽，虽然在这其中也发生过很多不友好的事情，但是并没有造成太多不好的影响。库克还把西部的一个群岛命名为"友谊群岛"。

10月7日，两船起锚，在21日到达了新西兰的霍克海峡。但是在之后的航行中，由于遇到了风暴，两船再次分开了。

11月26日，库克率领着"决心"号离开了新西兰，决定再次深入极地。库克再次进入了南极圈，但是南极圈的恶劣环境让他没能到达南极大陆，对于库克来说还是很遗憾。在返航途中他们发现了陆地，他将其命名为复活节岛，之后库克对复活节岛进行了探访。当时库克看到这里的居民十分美丽，他认为这是大洋中最美丽的人种。但是库克在这里并没有得到其他有用的信息，也没有获得新鲜的食物，所以库克便起航离开了。

之后，库克又到访了南太平洋中的很多岛屿，并和当地的居民进行了深入的交流，获取了很多有用的信息，还发现和命名了很多岛屿。

之后库克再次来到了库克海峡，准备和"探险"号会和，但是库克来早了，库克走后"探险"号才到达了这里，"探险"号之前与毛利人发生了冲突，损失了 10 名优秀的水手，所以没能及时到达库克海峡与"决心"号会和。

1773 年 12 月 13 日"探险"号离开了新西兰海岸，并于 1774 年 7 月 14 日回到了英国。而库克驾驶的"决心"号则是在阿森松岛、菲尔南多岛、法亚尔岛等都做了停留，在 1775 年 7 月 29 日回到了普利茅斯港。

尽管库克回国后提交的报告令人们对发现"未知的南方大陆"的憧憬沉寂下来，但他在第二次航海中的一项重要成就是成功运用由英国钟表匠拉科姆·肯德尔制作的 K1 型经线仪制作精细的航海图。这些航海图一直到 20 世纪中期都在被沿用。

到达北冰洋

库克在第二次回国后被授予海军上校的军衔，并在 1776 年 2 月 29 日当选为伦敦英国皇家学会会员。这时的库克已经被很多人认识，他的航行考察故事也被英国人所颂扬。当时的库克已经过了不惑之年，但是仍然不减对航海的热情。

库克的第三次航海也是他人生中的最后一次航海，准备再次启程。之前提到过金星凌日和对大洋洲的考察可能都是英国人的幌子，其真正的目的是要寻找西北航道，寻找更多的新大陆，拓展更多的殖民地，获取更多的利益。

库克这次所驾驶的仍然是"决心"号，而另一艘取名为"发现"号，由查尔斯·克拉克负责指挥，克拉克曾担任库克的副手。这两艘船并没有同时出发，而是库克先行。库克驾驶"决心"号在 1776 年 7 月 12 日从普利茅斯出发，在 11 月 10 日到达了好望角，想要和"发现"号会和，但是"发现"号 8 月 1 日才出发，所以两船直到 11 月 30 日才在好望角会和。在这里他们还买了活猪，准备放养到新西兰和塔希提。

从好望角出发后，两船开始向东南方向航行，经过 12 天的航行后，库克看到了两座岛屿，他断定这是法国之前发现的岛屿。库克对这些海岸进行了考察和水文测量。

1777 年 1 月 30 日两船到达了库克海峡并在这里停靠。这里的土著人认出了他们是英国人，所以都摆出一副要打仗的样子。之前"探险"号曾在此和土著人发生过冲突，并且双方都有死伤，土著人认为这是英国人来报仇了，库克船长与土著人进行交流，澄清没有想伤害他们的意思，并对土著人表示出友好的姿态。土著人这才放心让他们上岸。在这里，库克给当地留下了几头活猪，希望他们能把猪繁殖起来。库克走的时候，还带走了两个愿意随船队一同航行的新西兰人。

之后，库克又到访了之前发现的赫维岛，但是显然这里的居民并不欢迎他们。后来因为淡水不足，库克来到了汤加，这里的居民为他们送来了很多水果。5 月 6 日，库克拜访了汤加加布岛的首领，首领自称整个友谊岛都由他管理。在这里库克观看了当地人的表演，还举行了晚会。

7 月 10 日，库克离开了汤加岛，航行了大约一个多月后到达了塔

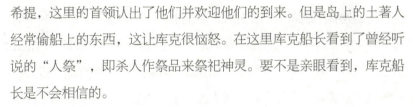

夏威夷群岛

希提，这里的首领认出了他们并欢迎他们的到来。但是岛上的土著人经常偷船上的东西，这让库克很恼怒。在这里库克船长看到了曾经听说的"人祭"，即杀人作祭品来祭祀神灵。要不是亲眼看到，库克船长是不会相信的。

9月30日，两艘船起锚离开了，这里让库克和船员感到残忍和悲伤。

12月24日，库克发现了一座无人居住的岛屿，当时圣诞节就要到了，所以库克决定把这个岛屿取名为"圣诞岛"。

直到这里的航行其实都不是库克此行的真正目的，库克觉得他的航行才刚刚开始。

1778年1月18日，夏威夷群岛出现在两艘船的视野中，库克发现这里有人居住，就登陆上岸进行考察。库克他们身上的装饰和佩带的铁器，让土著人非常惊喜，他们热衷于这些稀有的东西，所以开始偷窃这些英国货。库克对此已经司空见惯了，他捉到了一名偷盗的土著人并将其杀死了，以表威严。库克发现这里的人和塔希提人很相似，在不久之后，库克就和他们建立了良好的关系，并且得到了土著人的食物和水果。

库克在此次停留了几天，然后到了旁边的尼华岛。他后来又到了其他的几个岛屿，他发现夏威夷人口众多，而且对英国人很是好奇，库克和他们交换了很多食物后便离开了。

2月27日，库克开始向北航行，途中他们在水中看到了树叶和树枝，库克觉得他们离大陆不远了，他们开始转向东航行，朝着美洲海岸进发。几天后，他们到达了阿尔比恩。两艘船沿着海岸前进，考察了这里的海岸地质和水文情况，并且勘察了很早之前就被其他航海家发现的布朗克角。

没过多久，库克在一个叫霍普港的港口抛锚上岸。刚到岸边，他就看到远处有小船向他们驶过来。船上坐着很多土著人，他们其中的三个站在船头向库克他们挥动着手，并且还向天上散着不知名的东西，那东西和雪花差不多，他们还向库克等人呼喊，但是库克他们根本听不懂这些土著人在说什么。土著人的小船登岸后，很快就拿出了他们的东西，想要和库克他们进行交换，土著人拿出动物的皮毛和简单的雕刻品，库克发觉这里的土著人更加机敏，他们假装去和你进行交换，然后同伴开始偷偷潜入船中，偷走船上的武器。库克在此没有做过多的停留便离开了。

两艘船在4月26日起锚离开霍普港，在大洋中继续航行，但是他们遇到了大风暴，"决心"号右侧的船板在大浪的拍打下出现了裂缝，开始漏水。库克并没有惊慌，他命令船员对此进行了简单的修补，等到登岸后再大修。

两艘船沿着北美洲海岸前进，并且在途中还考察了印第安人。库克在威廉王子湾停靠，将"决心"号进行了修理。

8月11日，两艘船进入了白令海峡，在那片海域行驶了一个星期，船队再次遇到了之前的冰原海面。库克两船缓慢向前行进，仍朝北方航行。但是随着向北不断推进，冰原裂缝越来越少，船只航行越来越困难。库克觉得这不是河流中断裂的冰带，而是下雪之后形成的冰原，越往北冰原就越结实，再加上冰原上并没有土地植被，所以可以断定这是积雪落下所结成的冰原。

冬天临近，天气越来越寒冷，况且船只也无法再向北前进，所以库克决定找一个较为温暖的地方过冬，来年夏季再来此考察。两艘船开始按照原来的航线返回，到达了乌纳拉斯卡岛。9 月 26 日，他们开始向夏威夷群岛行进。

库克的第三次考察探险们虽然没有达到预期的目的，没有找到西北航道，但是库克发现了夏威夷群岛，对美洲西海岸进行了考察；并且穿过了白令海峡，到达了北冰洋，直到遇到无法行进的冰原，这是欧洲人向北到达过的最远地方，甚至到 19 世纪也没有航海家比库克走得更远。

遇害死亡及后世影响

库克船长的第三次海上考察成为了他人生的终点，在第三次考察过程中，他不幸遇害死亡。

库克的两艘船在从白令海峡出来后，朝着夏威夷群岛前进，并在 1778 年的 11 月 26 日到达了这里。这里的居民为他们送来了红薯和芋头等食物，库克也把带的一些铁器送给了他们。库克停留的地方是夏威夷群岛中的一个小岛，名叫毛伊岛。在这个岛上，库克和当地的居民进行了友好的交易，库克认为这些夏威夷人比塔希提人更讲诚信。

1779 年 1 月 17 日库克来到了当地土著称之为卡拉卡果阿港的地方，这里的一位首领欢迎了这些远道而来的客人，并且举行了非常隆重的仪式活动。库克后来才知道这里的首领把他们当成了神，所

白令海峡

以才会对他们如此尊重。在接下来的几天里，岛上的首领还进行了祭祀仪式，库克船长受到了最高礼节对待，但是土著人的这种仪式让他们感到不适应。

直到有一天，这里的最高首领德里约布来到了此地，一切开始发生了变化。德里约布和其他几位首领来到了这里，库克船长和船上的军官和德里约布碰了面。他们围坐在一起，德里约布为库克等人献上了非常漂亮的斗篷和十分珍贵的羽毛。德里约布首领还多次询问库克离开日期的问题，并且还对库克说，如果他对这里的东西感兴趣，走的时候可以为库克准备充足的水果和蔬菜等。

2月4日，两艘船离开了这里，但是因为"决心"号受到了损坏，所以不得不再次回到夏威夷群岛，回到德里约布的领地。

但是两艘船刚停靠在岸边，岛上的居民便开始做出了和以前不一样的反应。库克等人上岸后，发现这里的居民情绪发生了变化，他们对库克等人表现得极为愤怒。况且岛上的居民手中都拿着石块，情形十分危险。库克派出了一支小分队准备随时战斗。

库克对小分队发出了命令，如果土著人出现偷盗行为或者对他们无礼时小分队就可以进行反抗。不久有一位军官认为土著人驾驶的船只中有一艘小艇是他们的，于是和土著人进行抢夺，土著人开始拿起石块对英国人进行攻击。库克船长也不甘示弱，他不想让土著人觉得英国人是软弱无能的。后来，库克的小艇还是被土著人夺走了，库克决定去抓德里约布，想要让土著人交出小艇。

库克带领着一支小分队去抓德里约布，德里约布还没等和库克见面，便被很多土著人拦了下来，他们还让德里约布回避。库克发觉到俘虏德里约布的计划失败了，于是退向海岸的船只。但是这时有土著人发现他们的一名头领被库克的人打死了，土著人立刻将库克拦截了下来，并且包围了库克的小分队。库克觉得一场战斗在所难免，土著人开始向他们逼近，并且向库克的小分队投掷石块，库克开始举起手枪向土著人打去，而土著人也越来越多，并向库克小分队扑过来，这时岸边的英国人也加入了这场战斗，开始拿枪进行攻击，并且准备登船用火炮攻击土著人。土著人被激怒了，库克的小分队寡不敌众，一个个倒了下来，库克也被冲上来的土著人拿石块打中了头部，随即倒了下来，然后几名土著人开始拿刀疯狂砍在库克的身上，库克再也没有起来。

一位伟大的航海家就这样死去了。失去指挥官的船员痛苦地回到船舰上。最后，船队和土著人进行了谈判，土著人把库克的尸体交还给了英国人。

克拉克船长被任命为总指挥，他们离开了夏威夷群岛，向北驶去。他们渡过了白令海峡，但是在向北的航行中再次被冰原挡住了去路。

1779 年 8 月 22 日，克拉克船长因为肺病去世了，享年 38 岁。戈尔开始担任起船长的职位，并在 1780 年 10 月 7 日回到了英国伦敦。

库克船长的死引起了英国全国的悲痛和悼念，伦敦皇家学会还为纪念库克而铸造了库克勋章，并且发起捐款。皇家海军部长官向库克的家属给予了抚慰，并且还给予了抚恤金。英国政府出版印刷了库克船长所绘制的地图和图表，售卖的收入全都归库克家属所有。

至此，库克长达 4 年多的海上航行结束了，但结局充满遗憾。库克虽然没有找到"未知的南方大陆"和西北航道，但是在库克的带领下，欧洲人踏上了南太平洋的很多岛屿，由库克命名的岛屿更是不计其数。他还绘制了较为精准的航海图。

在第一次航行中，库克对金星凌日进行了观测，并且得到了很重要的数据，在回国后他把这些数据交给了国内的天文专家，为英国的天文学做出了很大贡献。

在库克第二次航行中，他制作了更为精准的航海图，对经纬度已经有了非常深刻的认识。库克还对坏血病做出了巨大贡献，是他发现船员通过吃新鲜的蔬菜和水果就可以治愈这种疾病，使得他的船员基本无人死于坏血病，大大减少了船员的死亡。这对之后的坏血病治愈做出了巨大的贡献。

库克最后一次的海上航行，发现了太平洋中更多的岛屿，和当地的居民建立了更多联系，他还穿过了白令海峡，到达了印度洋，这是欧洲人到达的地球最北的地方，为以后开通这条航线奠定了基础。库克勇敢的精神一直被后人颂扬，在航行过程中遇到风浪、遭受袭击时，库克总是第一个站出来，带领船队一次又一次渡过了难关。库克船长对待船员十分友善，并不像之前的航海家那样残酷，这也使他能在航行中更好地进行指挥工作，水手和船员能更好地服务于库克。

库克对英国做出的贡献是巨大的，他的航海事迹广为流传，被后人称颂为最伟大的航海家之一。

大/航/海/家

Patrician

Part 10

北欧海盗的航海探险

在世界航海史上有这样一段历史。这段时期被称之为北欧海盗时期，这段时间里，由丹麦人、挪威人和瑞典人组成的北欧海盗对欧洲的很多国家进行侵占和掠夺。他们对欧洲很多国家都造成了严重的伤害，很多无辜的人也死在海盗野蛮的掠夺中。北欧海盗用武力占领土地，争夺资源，这些蛮横和残忍的行为使他们自取灭亡，北欧海盗时期也彻底结束了。

在风暴中前行的诺曼人

公元前 11 世纪中叶到公元前 8 世纪末，这段时期是属于诺曼人自北欧日德兰半岛和斯堪的纳维亚半岛等原住地向欧洲大陆各国进行掠夺性和商业性远征的时期。

诺曼人又称"维京人"。"维京"的意思是侵略峡湾邻近国家的人，有些史学家也把"维京"称作"海盗"，这个名字的由来主要是因为欧洲中世纪史上波澜壮阔的"海盗活动"。

北欧海盗诺曼人

北欧的海盗大多数都是诺曼人，而且属于北方人。西欧在欧洲北部的日德兰半岛，而这个半岛位于北海和波罗的海之间，也位于海峡附近的丹麦群岛和斯堪的纳维亚半岛的南岸、西岸地区。北欧进入铁器时期大概在公元前 800 年到公元前 400 年之间，相对来说比较晚。从这点来看，在北欧海盗活动的时期，农业方面依然很落后，即使老天作美，风调雨顺，生产的粮食也不能满足当时人们的需求，产量特别低。

诺曼人为了更好地生存，开始从事渔业和畜牧业。进行渔业肯定就要出海寻找鱼群，只有出海才能获取到海洋中的各种食物，这就使得诺曼人不得不进行航海，这也促使了诺曼人努力发展造船业，其航海技术也不断提升。

后来恩格斯还对诺曼人进行过分析，他认为：诺曼人的船不像是一般的船，绝不是"普通的脆弱帆船"，诺曼人的航海造船可以说是"引入了一场全面的革命"。事实也确实如此，诺曼人的船十分坚固，而且在大海中航行时很稳定。诺曼人造的船龙骨凸起，船的两端呈尖嘴形，这种船大多数只用船帆作为动力，并且不怕北海上波涛汹涌的暴风雨，不容易倾翻。诺曼人所用的这种船大多数并不大，排水量还没有超过 100 吨，船上的桅杆只有一根或者两根，船帆采用纵帆的形式。由于船整体较小，所以在海中航行很灵活，速度比一般帆船要快很多。诺曼人就是利用这种船来进行海上的探险活动，这种探险活动并不是一般的探险，而被称之为"海盗式"的探险。他们向东到达了君士坦丁堡，向西到达了美洲。这种敢于横渡大西洋的船只，对于航海事业而言是一场伟大的革命。在中世纪结束以前，欧洲所有沿海地区基本都是采用这种新式尖底海船。

从另一方面来讲，斯堪的纳维亚半岛地处北欧的巴伦支海、挪威海、北海和波罗的海之间，东北部与大陆相连，然而其中又没有明显的分界线，也正是由于这种漫长的海岸线才给诺曼人提供了良好的海洋环境。还有一点需要说明：北欧海盗只是西欧人对这些诺曼人的称呼，而东欧人称他们为由瓦人。

诺曼人中的贵族为了达到海上探险的目的，也为了能拥有更大的海上力量，他们开始大量征召航海新兵，并率领这些招募来的新兵到欧洲的"粮食生产国"进行海上掠夺性的海上探险。这些新兵的头领被称之为"科农格"，即"海上之王"的意思。北欧海盗中的科农格也常常打扮成普通商人的模样，用鱼类和动物皮毛换取粮食和其他商品，但这其中很多都是不等价的交换，并不是正常的贸易往来。诺曼人还从事奴隶买卖，因为诺曼人知道，进行奴隶贸易才是最挣钱的贸易方式。这些都是诺曼人的海上探险活动，在大多数情况下，诺曼人还是进行赤裸裸的海盗式探险，他们拦截过往的船只，对其进行毫无理由的掠夺，甚至还对海岸边的村庄和城市进行掠夺。

从那个时期开始，北欧的海盗正式进入了海洋掠夺性探险时期。

北欧海盗几乎成为了整个欧洲的巨大灾难。诺曼人采用自己的方式进行掠夺：每当海上刮起大风，海上巨浪滔天，其他的航海者早已去避风，把船行驶到海港中，保证船只人员的安全。这时诺曼人便开始乘坐他们的船只，充分发挥自身船只的优势，向目标地点驶去。上百艘船组成的北欧海盗船队乘着涨潮，飞快地进入河口，逆水而上，甚至深入一个国家的腹地。这时如果遇到海道或者水港上的人拦截他们，诺曼人也不怕，因为海盗的船通常是水陆两用的，可以把船挪到岸上，然后继续行驶，不会因为水中的干扰而半途而废，这样船队又可以在陆地上走到另一个河区，下水继续行驶。

对于诺曼人的海盗行为，法国的历史学家这样描述道："海盗们快乐地进行在天鹅飞翔般的道路上，他们有时沿海岸航行，有时埋伏在海峡或海湾，窥伺'敌人'，因此人们还把他们称作为'半商半盗的航海者'。"当海上刮起了剧烈的风暴，一般的商船都去避风了，但是海盗船并不惧怕这些风浪。当然这些海盗船也有一些被海上的风暴摧毁，风暴过后聚集在一起的海盗可能为数不多。但是这些海盗并不会因为船只被毁和人员死去而灰心，他们甚至会昂首挺胸地高声唱歌。

北欧海盗为什么会把目标对准欧洲？欧洲为什么不对北欧海盗的残忍野蛮的行为作出反抗和抵抗呢？这是因为当时的欧洲，无论是东欧还是西欧的国家，不是国内自身动乱，就是长期处于割据状态，没有一个强大的政治中心，自然就没有团结的力量，这样就导致北欧海盗越加猖狂。

北欧海盗只是对海盗的统称，其实在当时分为几个势力。有丹麦海盗、挪威海盗、瑞典海盗，并且各自都有自己的活动范围。从活动路线上来看，可分为东西两路，西路的丹麦海盗和挪威海盗，主要对不列颠群岛进行扩张掠夺。东路的瑞典海盗主要向俄罗斯进行掠夺。

北欧海盗的恶行

　　北欧的海盗频频对英格兰进行入侵和掠夺，并且还不满足对于英国的掠夺，同时丹麦海盗早就窥视着法兰西。法国西部濒临大西洋，南临地中海，北部与英国隔海相望，海盗早想把法国纳入口中。

　　从法国的历史来看，在9世纪初，正处于国家分裂时期。当时曾经辉煌的查理大帝已于814年去世，到公元843年，查理曼帝国已经分为三部分，国内动荡不安，内战不断，没有时间更没有能力和丹麦海盗抗衡。当时并不是只有丹麦海盗对法国进行侵略，还有另外一些外族人对法国进行侵占，但是法国都没有能力与之对抗。那时的阿拉伯人经西班牙入侵法国，并且控制了地中海的西部，在那儿还占领了很多岛屿；还有当时的匈牙利人也不断地对法国进行骚扰。当然最为严重的、历时最长的就属丹麦海盗了。

　　公元845年，丹麦海盗就入侵了巴黎，对巴黎城进行了洗劫。实际上，几乎同时遭遇洗劫的还有汉堡，甚至连意大利的罗马城也遭到了攻击。公元853年，以丹麦为主的北欧海盗再次对法国进行了掠夺。这一次比上一次更加残暴，他们占领了法国的南特城，把守城的主教都杀掉了，然后把城内洗劫一空。

　　其实，最令法国人无法忍受的就是在公元885年发生的海盗入侵。公元885年，丹麦海盗不光率领本土的海

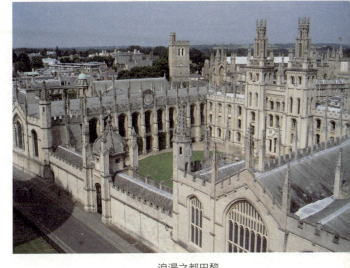

浪漫之都巴黎

盗，而且还联合了挪威海盗，这次入侵大概有 4 万的诺曼人，他们浩浩荡荡地乘着 700 艘海船包围了整个巴黎城。这使得当时法国的皇帝胖子查理毫无办法，选择战斗肯定会导致整个巴黎的沦陷，胖子查理不想让太多的人做出牺牲，同时他也不想让巴黎城沦陷在自己的手中。所以，胖子查理选择放弃抵抗，并且用大量的钱财贿赂诺曼人，这才使北欧海盗撤出了巴黎城。法国的统治者屈服于北欧海盗，但是北欧海盗并没有善罢甘休。到了公元 911 年，法国国王查理三世还被迫与丹麦海盗首领罗洛签订了《圣克需尔条约》，并把纽斯特里亚的部分地区划归给罗洛，并封罗洛为公爵，罗洛在法国领土上建立了诺曼底公国，在法国的领土上称王称霸，历史上有名的"诺曼底"由此而来。

北欧海盗的疯狂掠夺和入侵，给欧洲各国人民带来了巨大的灾难，使很多人生活在水深火热之中。这主要有两个原因，一是北欧海盗的直接行为导致的灾难，另外还有一点就是欧洲各国之间战争频繁，封建领主加重了对农民的负担，从而加速了农奴化的进程。

在丹麦人占领英国期间，连年的战争以及天灾的发生导致很多商铺纷纷破产。自由民成为了最直接的受害者。根据历史记载，从 991 年到 1014 年，英国向丹麦支付了大量的金钱，当时记录为 158000 磅（折合成现在的货币 1000 万英镑左右）。在 1018 年，相隔不到 4 年的时间，丹麦又向英国勒索了 82 500 磅。这些巨额的金钱到最后都会转移到自由民的身上，而这些自由民承担不起如此大的金额，只能选择破产。可以说，到了 11 世纪，由于北欧海盗的入侵，英国的自由民已经逐渐消失，开始出现各种不同身份的依附农了。直到 1066 年北欧海盗时代的结束，在英国也只有 12% 的自由民，而且这些自由民主要还集中在"丹麦区"。说是自由民，但其实并不是完全的自由，还必须服兵役。

可以看出，北欧海盗的入侵加速了英国自由民的农奴化，使得更多的资金外流，国内资金匮乏，各个行业极为惨淡，人们的生活痛苦不堪。连年的战争再加上需要支付高额的金钱给丹麦，英国的发展受到了极大的阻碍。

在法国也是如此，丹麦海盗的入侵和勒索导致大量自由民消失，取而代之成为了更多的奴隶。在北欧海盗和法国封建领主的双重压迫下，那些无法生存的人们开始揭竿而起。例如，在公元前841年，萨克森地区就出现了"斯特林迦"起义。这次起义所涉及的社会阶层很多，有各个阶层的农民、半自由民，还有贵族。当然，起义的主力军还是前两个阶层的民众，由此可以看出，法国的人民处于何等深重的水深火热之中。

丹麦海盗也并非只对英法两国进行入侵。丹麦海盗还曾联合挪威海盗袭击过意大利和伊比利亚半岛，最远处甚至抵达了非洲北部的地区。

而瑞典的海盗则是向东进行发展，早在公元550年至公元800年，瑞典海盗就沿着"琥珀之路"向俄罗斯方向开始扩展，并且在芬兰和波罗的海雁南地区建立了据点，以至到达巴格达和里海等地区。在公元9世纪，又沿着波罗的海到达了西德维纳河、涅瓦河、沃尔霍夫沿岸地区，然后沿着斯维里河进入伏尔加河，一直到达里海。当然，他们有时是海盗，有时也是商人，他们把北欧的毛皮、海豹油等运到东欧和亚洲，再把东方的香料、酒、丝绸、珠宝等贩到欧洲。贩卖奴隶也成为他们获取高额利润的主要手段之一。

至于挪威海盗，除了联合丹麦海盗入侵欧洲外，在公元8世纪末，就占领了赫布里底群岛、法罗群岛、设得兰群岛和奥克尼群岛，并且以此为基地袭击爱尔兰。在812年，攻占了柏林，在爱尔兰建立了移民区。

无论是瑞典海盗、挪威海盗，还是丹麦海盗都给侵占地区的人民带来了巨大的痛苦和灾难，使被侵占的地区发展受到了严重的阻碍。

冰岛的真正开拓者

大约在 8 世纪初期，北欧海盗就已经到达了不列颠北部海岸的几个面积不太大的岛屿，其中包括东北部的设得兰群岛、奥克尼群岛，以及西部的赫布里底群岛。这几个群岛虽然面积不大，但是地理位置却十分重要，通过这些群岛可以从各个方向向不列颠群岛进行入侵。从设得兰群岛往西北约 320 千米处，有一个群岛称之为法罗群岛。这个群岛由斯特勒姆岛、东岛等 20 多个岛屿组成，是一个火山群岛，即使在 20 世纪 80 年代中期该岛的人数也不足 5 万人，可以想象在 1000 多年前会是多么的荒凉。这样一个荒凉的群岛究竟是谁发现的呢？

据考证，公元 9 世纪爱尔兰一位名叫迪古依尔的神父在 825 年曾指出这些岛屿是由爱尔兰基督教遁世者发现的。这些教徒在此建造了修道院，并在此修行，所以认为这些人是法罗群岛最早的定居者。到 9 世纪末，很多挪威人开始迁移到此居住。

根据迪古依尔神父的记载，大约在 795 年，爱尔兰的宗教人士在法罗群岛西北的某个地方度夏。这里所说的西北地方在很长一段时间里都是一个谜，但后来根据史料分析，迪古依尔所说的某个地方就是冰岛。冰岛距离法罗群岛只有 400 千米，而且航行条件对于当时的人来说也没有什么难度。

当时有一位名叫纳道德的挪威人，来往于挪威和法罗群岛之间。在 867 年，他从挪威返回法罗群岛的途中遇到了海上风暴，这片风暴把他推向了西北方向的一片陆地。纳道德是一位胆子很大的海盗，但是这次到达的陆地，也让他觉得有些奇怪。纳道德发现这里到处都是岩石，而且岸边的岩石十分陡峭，高耸入云。

公元 869 年左右，卡尔达尔等挪威人在航海的途中再一次遇到了风暴，船队在风暴的作用下漂到了这里，并且这些人不得不在此过冬，幸好这里的温度和挪威差不了太多，所以这些人也没有感到太奇怪。在这里停留的期间，他们发现这个岛屿面积很大。于是，这些人回到国中后，极力赞美这里的美好，称很适合人类的生存发展。其实，这里并没有那么好，这些挪威人只是想让更多人来此地，因为他们知道，只要有人来，就有钱赚。

当时愿意前往的人并不多，其中有一位名叫弗劳克的挪威海盗愿意前往此地。他于是从挪威出发，希望经过设得兰群岛和法罗群岛找到这个所谓的美丽陆地。但是弗劳克向西北方向行驶了很长时间也没有找到这个地方。于是，他从船上施放"渡鸟"，希望能找到这个陆地，这只鸟是往东南方向飞行的，弗劳克为了确认这片陆地是否在东南方向，弗劳克又放了第二只渡鸟，但是这只鸟飞回到了船上，这使弗劳克有点拿不定主意。于是，弗劳克又放出了第三只渡鸟，这只渡鸟向西北方向飞去，最后他决定沿着第三只渡鸟的方向行驶，果然，弗劳克找到了这个陆地。在这里他发现了很多小岛屿和海峡，发现了大量的鱼群，这令弗劳克很高兴。在这里，弗劳克等人度过了一个十分寒冷的冬天，随船带来的牲畜受不了这里的寒冷天气，很多都死亡了。弗劳克看着雪白的积雪，决定把这个岛屿取名为冰岛。但是实际上，之前来的挪威海盗和弗劳克都没有对冰岛进行细致的考察，以至于后来弗劳克觉得这个名字有点不适合这里。

冰岛中还是存在很多草地和树木的，这里虽然有冰川和火山，但是也存在很多适合放牧的地方。只是当时弗劳克并没有及时发现这些地方。另外，有关于弗劳克利用"渡鸟"寻找到冰岛的传说还是存在

北欧海盗的航海探险

大西洋中的冰岛

一定的科学依据的。

在 1000 多年后，英国格拉斯哥大学的莫纳汉教授曾经对海鸟和鱼类的分布进行了研究。而研究所在的地点就是冰岛附近的海域，研究小组通过一系列的研究证实了海鸟的种类和鱼群的种类分布是有关系的。喜食何种鱼的海鸟多的地方，这种鱼也多。根据鸟类的分布我们也可以看出来，在冰岛附近的海域，分布最广的鸟类中就有"渡鸟"。这样看来，当年"渡鸟"帮助弗劳克发现冰岛是有根据的。

尽管上述这些人都曾到过冰岛，但他们并不是那里真正的主人。

公元 871 年，在挪威有两位海盗首领，他们也是兄弟，一位叫阿尔纳尔，一位叫莱夫。两人性情火爆，当时杀了人，所以被挪威国王流放到了冰岛，在那里度过了三个冬天。他们被流放时是在东南岸登陆的，在那里他们发现了温泉，并且发现环境也很不错，于是两人商量后决定搬到此地，于是两人回到挪威又集结了一部分人来到冰岛。在前往冰岛的途中，莱夫还袭击了爱尔兰，并且抓了一批奴隶。两人在前往冰岛的过程中失散了，阿尔纳尔在冰岛的东南岸登陆，这是一片洼地，到处都是沙土和卵石。

而莱夫则是向西航行，后来在南岸登陆了。莱夫在这里对待手下的奴隶十分凶狠，不讲任何情面，这种做法激怒了奴隶，所以奴隶联合众人杀死了莱夫。奴隶还夺走了挪威妇女，逃到了冰岛南岸不远的海默岛上去了。但是，后来阿尔纳尔知道了这件事，对这些奴隶进行了镇压。

阿尔纳尔在此生活了 3 年后，便从东南地区转移到了西南地区，他发现这里环境更好，这里有更丰富的草地，很适合放牧。于是，阿尔纳尔就在这里一个不结冰的海港安营扎寨，建立了第一个村舍，即雾港——雷克雅未克。公元 877 年，雷克雅未克成为了冰岛的首都。此后，很多人开始移民于此，半个世纪后，930 年成立了冰岛联邦。

冰岛的发展是从大规模移民才开始的，所以冰岛人认为，阿尔纳尔对于冰岛的发展做出了很大的贡献，尽管他有过不光彩的历史。在今天冰岛的首都雷克雅未克市内还有很多雕像，其中一座雕像就是北欧海盗首领阿尔纳尔。

令人震惊的格陵兰

在北冰洋和北大西洋之间，位于北美洲东北部存在着一个面积很大的岛屿，它就是格陵兰岛。同时它也是世界上最大的岛屿，面积为 2 166 086 平方千米。如果把它和世界上第二大岛新几内亚岛相比较，新几内亚岛的面积只有它的三分之一左右。

早在 5000 年前，已经有爱斯基摩人越过加拿大的北极群岛来到过格陵兰岛，从那以后，爱斯基摩人就陆陆续续来到这里，可能还在此定居。爱斯基摩人大概是最早发现格陵兰岛的，但是欧洲人并不这么认为。欧洲人认为只有被欧洲文明民族发现的地区，才算得上是发现，哪怕这里有人居住，但居住的是一些不开化的民族。

格陵兰岛的发现，大概可以追溯到公元 10 世纪左右。

在公元 920 年左右，有一位诺曼人在前往冰岛的途中遇到了海上风暴，被风暴推到了西面很远的地方，在这里他发现了很多岛屿。这位被称为贡比约恩的诺曼人据说还把这些岛屿称之为贡比约恩礁石。他站在礁石上，还看到一片被冰雪覆盖的高地。但因为前方巨大的冰山挡住了他的去路，所以他最终并没有到达那里。这可能就是贡比约恩第一次看到的格陵兰。

大约在公元 980 年，有一批诺曼人在航行中遇到风暴漂流到了这里。并且出于种种原因，不得不在此过冬，北欧的诺曼人抗寒能力比较强，熬过了漫长的冬天。当他们回到本国时，还把这里说成是一片广阔的陆地。

无论是贡比约恩还是后来北欧的诺曼人，他们都曾见到或者到达

格陵兰岛

过格陵兰岛。根据他们对格陵兰岛的描述，可以分析出他们应该都是在格陵兰岛的东部或者东南部登陆的。格陵兰的西部会受到大西洋暖流的影响，气温不会很低，所以他们应该不是从西部登岸的。另外，他们也没有深入格陵兰的内陆地区，因为在那里常年气温很低，在寒冷的冬天，气温甚至可以低至 −70℃，他们既然在岛上度过了冬天，那就可以肯定他们没有深入格陵兰的内部。

那有没有可能他们是在格陵兰岛北部登陆的呢？这也不太可能，在北部会有极昼和极夜现象。有连续几个月的白昼和连续几个月的黑夜，但是诺曼人却从未提到此事，因此可确认他们没有从北部登陆。

尽管贡比约恩是最早到达格陵兰东岸的诺曼人，但是在格陵兰流传更广的却不是他，而是另一位红头发的挪威人，他的名字叫恩里克·拉乌达，人称红发恩里克。

恩里克本住在挪威，但后来因罪被流放到冰岛。那时的冰岛已经在阿尔纳尔的领导下发展得很不错了，已经建立冰岛联邦，人口达到了 2.5 万人，过着世外桃源般的生活。红发恩里克到此后，仍然劣性不改，蛮横无礼，有时还无故出手伤人，因此这里人并不欢迎恩里克，于是他被冰岛人驱逐出境。

恩里克和几位同伴离开冰岛，乘船向西航行，在艰难的航行中，恩里克等人发现了一片陆地，但是到处都是冰山，经过不断的努力，他们终于在那片陆地的一个外海岛屿上度过了冬天。后来，恩里克等人又对格陵兰西海岸进行了考察，他发现那里都是深水海湾，并且海面被巨大的冰原覆盖着。

恩里克想要找到一片适合自己生存的土地，所以在那段时间里，恩里克等人对格陵兰沿岸等地进行了详细的考察。他们对格陵兰岛的研究之深，以至于令后来权威的专家都感到震惊。想要在那里找到一片适合人类居住的地方是非常困难的，常常要穿过可怕的冰原海面，

大／航／海／家

Patrician

爬上陡峭的岩石山，还要绕过充满礁石的浅滩，这样才有可能找到那些七零八碎的陆地。

就这样，恩里克经过两个夏天的苦苦探寻，终于在他考察过的西南海岸中的地段上选择了几个平坦的地方。那里能够很好地防御寒风的侵袭，而且气温相对来说也比较适合居住。当时正值夏季，这里长满了青翠的植物，对于长期在冰雪世界中的恩里克来说，这就是最大的恩赐，恩里克兴奋地跳了起来。

恩里克把这片充满绿色的土地称之为"格陵兰"，意思是"绿色的土地"。现在看来，恩里克选择的地方也是格陵兰岛最适合人类居住的地方。但是对整个格陵兰岛来说，这里的绿色植被并不多，仅占15%，所以称之为格陵兰岛实在是名不副实。但不管怎么说，是恩里克让这个名字一直流传到现在，如果他不美化一下这里，也不会有更多的人来此定居。

公元 985 年，恩里克返回冰岛，准备动员冰岛人进行移民，到格陵兰岛居住。在他的大力宣传下，移民工作进行得很顺利。第二年，就有 25 艘船从冰岛出发前往格陵兰。但是在途中有几艘船遇到风暴被摧毁了，还有几艘船见此情景偷偷地返回了。最后，只有 14 艘船载着 500 名左右的冰岛居民来到了格陵兰。这些冰岛的诺曼人选择在涯石海湾居住，因为这里可以躲避寒风的侵袭，他们在此开垦、捕鱼、繁衍。到了 13 世纪，格陵兰移民出现了高潮，岛上的挪威人和丹麦人达到 2000 人左右，建立了上百个村落。

随着格陵兰岛人的增多，粮食、木材以及铁制品等都出现严重不足，必须通过和冰岛交换才能满足生存。格陵兰岛上的居民把毛皮、海豹皮等通过冰岛运到欧洲，然后购买满足自身需要的粮食和物品。

但是这种情况并没有持续多长时间，到了公元 1262 年，冰岛归属挪威，这就导致了冰岛移民格陵兰的人数严重减少，并且冰岛来往格陵兰的船只也十分少，格陵兰的粮食和物资得不到供应，格陵兰的发展严重受阻。

到了公元 1380 年，冰岛又归丹麦统治，移民的情况就更加糟糕了，到了公元 14 世纪末，基本没人移民到此。丹麦国王只和附近的岛屿存在贸易联系，和格陵兰岛基本上没有联系，格陵兰就这样被欧洲人抛弃了。

这种情况导致先前到达格陵兰的诺曼人陷入了绝境，缺乏粮食，没有医药，很多人都在饥饿和疾病的折磨中死去。格陵兰的相对封闭使得这里的人开始出现严重退化。

目前，格陵兰虽说属于丹麦，但在 1979 年开始应实行内部自治。格陵兰也不再像之前那样落后，这里的人们在这个冰雪世界中快乐地生活着。

北欧海盗的结局

从整个历史来看，北欧海盗存在了 200 多年，在这过程中给很多国家都带去了灾难，但是邪恶是永远不能战胜正义的，北欧海盗时期的结束也是必然的。

北欧海盗最早的入侵活动是在公元 8 世纪后期。丹麦海盗攻击英国东北海岸的著名修道院，这也被认为是北欧海盗时期的开始。

到了公元 8 世纪末期，他们开始对俄罗斯进行长期的入侵，并且在沿途设置了很多要塞以做防守之用。在公元 9 世纪还统治了乌克兰的首都基辅，并且还对君士坦丁堡进行了围攻，但被当时的政府重金收买。到了 9 世纪中期，北欧海盗在东欧平原上建立了罗斯国。

北欧海盗还很快侵占了英国，当时很多英国国王开始向北欧海盗提供大量的金钱，想要通过金钱来寻求国家的和平，但是这种做法并没有让英国得到和平，反而陷入了贫困之中。

后来，北欧海盗开始入侵法国、苏格兰和爱尔兰等地区，对这些国家和地区都进行了很长一段时间的殖民掠夺，使得很多国家陷入危机之中。

北欧海盗主要由丹麦人、挪威人和瑞典人组成，但是在一系列的侵占中，当数丹麦海盗最为猖狂。11世纪初，丹麦海盗开始席卷整个欧洲，如同秋风扫落叶一般，干净而彻底。当时的丹麦海盗甚至对自己曾经的伙伴也不客气。挪威海盗和瑞典海盗曾经都与丹麦海盗有过合作，但是丹麦海盗对此并不看重，他们认为金钱才是最重要的。挪威人和丹麦人曾经为了争夺英格兰而反目成仇，并且两国海盗为此还引发了一次战斗，但是挪威海盗没有打败丹麦海盗。

到了1016年，丹麦国王斯万的王子克努特大帝已经把疆土扩展到了挪威、英格兰、苏格兰大部分地区和瑞典南部等地区，建立了"北海大帝国"，这也是北欧海盗最为鼎盛的时期。由此可见，北欧海盗的势力有多大，它对被占领的各国人民带来了多么深重的灾难。

海盗终究是海盗，而且这种劣性无法改变。他们用武力去征服一切，用武力来占领更多的地区，使之成为自己的领土，但是通过这种方式建立的帝国不可能维持长久。一般来说，海盗也要讲究些情分，正所谓盗亦有道，也不能见人就抢，还是要有江湖情分的。但是丹麦海盗并没有这样做，他们对自己的伙伴挪威人和瑞典人也不客气，并且把他们的领土也都纳入到自己的国家中。

"北海大帝国"的建立从最初开始就一直矛盾不断，一直处于不安定之中。原本建立这个帝国的想法是要扩大海盗的领土，壮大海盗群体，从而使得海盗能够长久地发展下去。但是，这其中的北欧海盗并不是一个国家的人，他们包括丹麦、挪威和瑞典，就算是同一个国家的人之间还会出现内部矛盾，更不用说不同国家之间了。他们虽说

北欧五国之一丹麦

都有各自的航海区域，但是海盗的本性是无法改变的，利益是无法改变的，他们为了争夺土地和金钱常常陷入内部战争中。在这种情况下，北海大帝国也就很快瓦解了。就如同昙花一现，虽然美丽但只是一瞬间。1042 年北海大帝国彻底瓦解，只存在了 26 年。

北海大帝国彻底瓦解后，北欧海盗便开始由盛转衰，一蹶不振。到了 1066 年，最后一批大规模的挪威海盗的首领哈拉尔德在远征英国时，遭受了彻底的失败，标志着北欧海盗时期正式结束。